BACKEN MIT WeightWatchers®

D1859075

90 SÜSSE UND HERZHAFTE REZEPTE

BACKEN MIT WeightWatchers®

Inhalt

Zutatenliste aller Rezepte als Einkaufszettel, jetzt direkt aufs Handy!

So funktioniert es:

1. QR-Code-Reader-App kostenlos aus dem Internet downloaden

2. QR-Code scannen

3. Link (URL) öffnen

4. Kapitel bzw. Rezept auswählen, ein Link führt zur Zutatenliste

5. Handy mit in den Supermarkt nehmen und Einkaufszettel jederzeit aufrufen

Voraussetzung: internetfähiges Handy mit Kamerafunktion und QR-Code-Reader-App

Durch die Nutzung des Internets können, abhängig von Ihrem Mobilfunkvertrag, Kosten entstehen.

Rezeptinfos

ProPoints® Wert pro Person/Stück | schnell | einfach | raffiniert

Das **Weight Watchers** Konzept im Vergleich zu einer herkömmlichen Diät!

Unser ***ProPoints***® Plan – das flexibelste und individuellste Programm.

So nehmen Sie gesund und zufrieden ab.

Eine „Diät" durchzuhalten, ist eine große Herausforderung, da Diäten oft auf eine einseitige Ernährung ausgelegt sind und Verzicht auf bestimmte Lebensmittel bedeuten. Viele Menschen nehmen durch Diäten ab und danach meist auch wieder zu. Oft haben sie die abgenommenen Kilos nach drei bis fünf Jahren wieder drauf – oder nehmen sogar noch mehr zu. Darum hat Weight Watchers ein Abnahmekonzept entwickelt, das flexibel, alltagstauglich und für jeden durchführbar ist.

Unser Ernährungskonzept: sich satt essen und trotzdem abnehmen

Das Weight Watchers Konzept ist so entwickelt, dass es unseren Teilnehmern hilft, Schritt für Schritt abzunehmen und dann ihr Wunschgewicht langfristig zu halten.
Weight Watchers hat mit dem *ProPoints*® Plan sein flexibelstes, alltagstauglichstes Programm entwickelt. Es beruht auf den neuesten Forschungen der Ernährungswissenschaft, ist leicht anzuwenden und hat seit seiner Einführung im Jahr 2010 tausende Kilos schmelzen lassen. Mit dem *ProPoints*® Plan gehören quälende Diäten der Vergangenheit an. Kein Lebensmittel ist verboten. Es ist Raum für viel Genuss und persönliche Vorlieben.

Was sind *ProPoints*® Werte?

Der *ProPoints*® Plan wurde auf Basis einer völlig neuen Formel entwickelt, die sich aus dem Eiweiß-, Fett-, Kohlenhydrat- und Ballaststoffgehalt zusammensetzt. Im *ProPoints*® Plan hat jedes Lebensmittel einen *ProPoints*® Wert. Die *ProPoints*® Werte sind sehr genau, denn sie beziehen Informationen über das gesamte Lebensmittel mit ein. Dabei berücksichtigen sie außerdem, wie Ihr Körper diese Nährstoffe verarbeitet. Weil er bei ballaststoff- und eiweißreichen Lebensmitteln dazu mehr Energie benötigt, haben sie einen geringeren *ProPoints*® Wert. Der *ProPoints*® Wert zeigt Ihnen, wie viel Sie für eine Portion dieses Lebensmittels oder Getränks investieren müssen.

Lesen Sie Sonjas Erfolgsgeschichte auf S. 110.

Backen mit **Weight Watchers**

Nach dem großartigen Erfolg des Buches „Kochen mit Weight Watchers", welches wir im Januar 2011 eingeführt haben, haben wir in diesem Buch die ganze Vielfalt des Backens für Sie zusammengestellt.
In 3 Rezeptkapiteln finden sie 90 abwechslungsreiche Backideen: Marmorkuchen und Frankfurter Kranz, Erdbeertörtchen und Brownies, Vanillekipferl und Quiche und natürlich noch vieles mehr. Sie backen mit völlig normalen Zutaten, die garantiert allen schmecken. Und wetten, dass keiner merkt, dass es sich um die „leichteren" Alternativen handelt? So punkten Sie nicht nur bei Ihrer Figur, sondern auch bei Familie und Freunden.
Natürlich wurden alle Rezepte von Weight Watchers erprobt und so beschrieben, dass sie garantiert gelingen.

Mein Ziel, mein Traum

Viele haben den Weg zu ihrem Wunschgewicht bereits gefunden. Und Sie können das auch. Finden Sie Ihr Treffen in Ihrer Nähe auf der Seite **http://www.weightwatchers.de** und schauen Sie doch mal zu einer unverbindlichen Schnupperstunde vorbei. Und wenn Sie bleiben möchten: Mit dem Gutschein am Ende des Buchs sparen Sie sich sogar die Anmeldegebühr. Herzlich willkommen!

Tipp: Sie möchten unsere leckeren Produkte wie Riegel, Chips, Saucen oder Desserts probieren?
Kein Problem! Auch als Nicht-Teilnehmer des Weight Watchers Programms können Sie selbstverständlich aus dem reichhaltigen Angebot unseres Shops bestellen. Einfach den beiliegenden Bestellschein ausfüllen und einschicken oder faxen. Oder anrufen unter: 01802.610 610*

(*nur 6 Cent pro Gespräch aus dem dt. Festnetz, Mobilfunkpreise höchstens 42 Cent/Minute)

Lesen Sie Romys Erfolgsgeschichte auf S. 14.

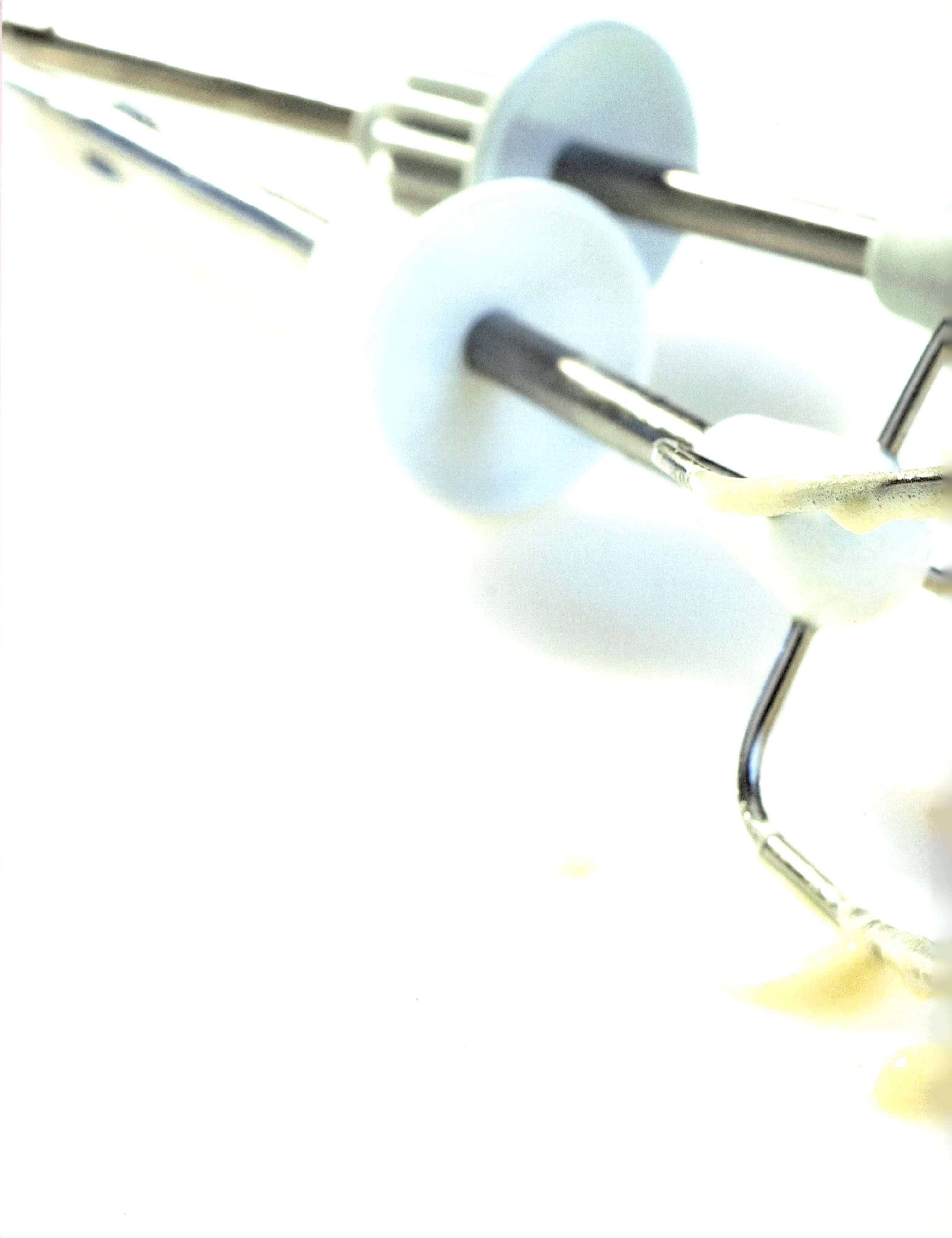

Kuchen und Torten

Frankfurter Kranz, Käsekuchen und Schokomuffins lassen die Herzen aller Naschkatzen höher schlagen. Und das Beste: Mit unseren leckeren Rezepten genießen Sie auf die leichte Art!

LEICHTER
FRANKFURTER KRANZ

pro Stück 5 ProPoints Wert

65 Minuten

Zubereitung

1. Backofen auf 180° C (Gas: Stufe 2, Umluft: 160° C) vorheizen. Margarine mit 120 g Zucker und Salz schaumig schlagen. Eier im Wechsel mit Joghurt unterrühren. Grieß, Mehl und Backpulver mischen und unterheben.

2. Eine Kranzform (Ø 26 cm) mit Öl einfetten und dünn mit Paniermehl ausstreuen. Teig einfüllen und im Backofen auf mittlerer Schiene ca. 40 Minuten backen. Auskühlen lassen und waagerecht halbieren.

3. Puddingpulver mit 50 ml Milch anrühren. Restliche Milch erwärmen, Puddingpulver einrühren und aufkochen. Restlichen Zucker untermischen. Backpapier auf den Pudding legen, damit keine Haut entsteht, und abkühlen lassen. Quark mit einem Mixer unterrühren.

4. Himbeeren waschen und trocken tupfen. 100 g Himbeeren mit Vanillezucker pürieren. Unteren Kranz mit dem Himbeerpüree bestreichen. 1/3 Quarkcreme daraufstreichen und mit oberem Kranz abdecken. Frankfurter Kranz mit restlicher Creme bestreichen und mit Haselnusskrokant und restlichen Himbeeren garniert servieren.

16 Stücke

130 g Halbfettmargarine
140 g Zucker
1 Prise Salz
4 Eier
100 g fettarmer Joghurt
1 EL trockener Weichweizengrieß
300 g Mehl
1/2 Päckchen Backpulver
1 TL Pflanzenöl
1 EL Paniermehl
1 Päckchen Vanillepuddingpulver
300 ml fettarme Milch
500 g Magerquark
200 g Himbeeren (ersatzweise TK)
1 Päckchen Vanillezucker
2 TL Haselnusskrokant

Sie können den Teig auch zu 12 Muffins abbacken. Berechnen Sie dann pro Muffin den ***ProPoints***® Wert 6.

SCHOKOSPLIT
KUCHEN

pro Stück 4 ProPoints Wert

65 Minuten

Zubereitung

1. Backofen auf 180° C (Gas: Stufe 2, Umluft: 160° C) vorheizen. Margarine schmelzen und abkühlen lassen. Joghurt mit Eiern und Zucker verrühren. Margarine untermischen und so lange rühren, bis sich der Zucker aufgelöst hat. Mehl und Backpulver mit Schokolade mischen und unterheben.

2. Teig in eine mit Backpapier ausgelegte Kastenform (Länge 30 cm) füllen und im Backofen auf mittlerer Schiene ca. 40 Minuten backen. Abkühlen lassen und servieren.

16 Stücke

95 g Halbfettmargarine
300 g Magermilchjoghurt
3 Eier
120 g Zucker
310 g Mehl
1 Päckchen Backpulver
70 g Raspelschokolade

Verfeinern Sie den Schokosplitkuchen mit verschiedenen Aromen. Einige Tropfen Bittermandel-, Vanille-, Orangen- oder Rumaroma passen hier besonders gut. Der ***ProPoints***® Wert ändert sich nicht.

ERDBEERBISKUIT
ROLLE

pro Stück 4 ProPoints Wert

50 Minuten

Zubereitung

1. Backofen auf 200° C (Gas: Stufe 3, Umluft: 180° C) vorheizen. Eier mit 100 g Zucker, 1 Päckchen Vanillezucker und Wasser ca. 5–8 Minuten sehr schaumig aufschlagen. Mehl mit Speisestärke und Backpulver vermischen, unterheben.

2. Teig auf ein mit Backpapier ausgelegtes Backblech streichen. Im Backofen auf mittlerer Schiene ca. 15 Minuten backen. Ein Küchentuch etwas anfeuchten und mit restlichem Zucker bestreuen. Biskuit darauf stürzen, Backpapier abziehen und Biskuit mit Hilfe des Tuches längs aufrollen. Biskuit abkühlen lassen.

3. Für die Füllung Erdbeeren waschen, trocken tupfen und in kleine Stücke schneiden. Cremefine steif schlagen und Quark mit Erdbeerstücken unterheben. Mit restlichem Vanillezucker verfeinern und mit Süßstoff abschmecken. Biskuit auseinanderrollen, Erdbeercreme darauf verteilen und erneut aufrollen, sodass die Naht unten liegt. Mit Puderzucker bestäuben und servieren.

16 Stücke

5 Eier
150 g Zucker
2 Päckchen Vanillezucker
4 EL lauwarmes Wasser
150 g Mehl
40 g Speisestärke
1 TL Backpulver
500 g Erdbeeren
150 ml Cremefine zum Schlagen
200 g Magerquark
einige Tropfen flüssiger Süßstoff
1 TL Puderzucker

Zitronenrolle: Biskuit wie beschrieben herstellen. Für die Füllung 150 ml Cremefine zum Schlagen steif schlagen, mit 200 g Magerquark verrühren. Saft und Schale von 1 unbehandelten Zitrone untermischen, mit einigen Tropfen flüssigen Süßstoff abschmecken. Biskuit mit Füllung bestreichen, aufrollen. Mit 1 TL Puderzucker bestäuben. Der *ProPoints*® Wert ändert sich nicht.

Angst vorm Treppensteigen? Das war gestern! Seit ihrer tollen Abnahme springt Romy die Stufen hoch wie ein junges Reh. Zur Belohnung gibt es süße Früchtchen.

Romy strahlt. Ihre Augen leuchten, angesichts der vielen bunten Obstspieße, die nur darauf warten, mit zart geschmolzener Schokolade übergossen zu werden. „Himmlisch lecker und irre gesund – die ideale Kombination für mich."

Noch ein paar Monate zuvor hatte die attraktive Grundschullehrerin aus Bad Kösen in Sachsen völlig andere Essgewohnheiten: „Zu viele Süßigkeiten, zu viel Naschereien. Das Resultat: In der Schule kam ich kaum die Treppen hoch, oft ging mir schon nach wenigen Stufen die Puste aus." Eines Morgens, als Romy beim Treppensteigen mal wieder nach Luft schnappte, fasste sie den Entschluss ihres Lebens. „Ich nahm mir vor, bis zu meinem fünfzigsten Geburtstag fünfzig Pfund abzuspecken – ein Pfund pro Lebensjahr. Mir blieben knapp zwölf Monate..."

Hundert Butterstückchen leichter

Romy besuchte die **Weight Watchers** Treffen. Am Anfang erzählte sie niemanden von ihrem Vorhaben, traute sich selbst nicht über den Weg. Doch dann begannen die Pfunde zu schmelzen. „Erst fünf, dann zehn Kilo – ich wurde immer leichter und beweglicher. Das fiel schließlich auch den Menschen in meiner Umgebung auf." Also weihte Romy zumindest ihren Ehemann ein. „Er war sofort begeistert, unterstützte mich, wo er nur konnte. Das zahlte sich aus: An meinem fünfzigsten Geburtstag hatte ich es tatsächlich geschafft – ich war um fünfzig Pfund leichter." Punktlandung!

Romy genießt die neue Schwerelosigkeit in vollen Zügen: „Jetzt sprinte ich in der Schule die Treppen hoch! Schließlich bin ich um ganze hundert Butterstückchen leichter!" Da schmecken die verführerischen Schokofrüchte gleich doppelt gut!

Romys Erfolgstipps

• Sagen Sie Ihren Pfunden den Kampf an! Besuchen Sie die **Weight Watchers** Treffen! Es gibt nichts Motivierenderes, als mit Gleichgesinnten abzunehmen.

• Denken Sie visuell: Wandeln Sie Ihr verlorenes Gewicht zum Beispiel in Butterstückchen um – und freuen Sie sich, wenn Sie immer mehr von diesen Kalorienbomben verlieren.

• Schlüpfen Sie in ein Kleidungsstück von früher, sobald Sie deutlich an Gewicht verloren haben. Sie werden ein unvergleichbares Glücksgefühl spüren!

Naschkatze mit Traumfigur

Romy, 27 kg leichter

NUSS-MARMOR-KUCHEN

pro Stück 5 ProPoints Wert

60 Minuten

Zubereitung

1. Backofen auf 180° C (Gas: Stufe 2, Umluft: 160° C) vorheizen. Margarine mit Zucker schaumig schlagen. Eier nacheinander unterrühren. Mehl mit Backpulver mischen und im Wechsel mit der Milch unter den Teig mischen. Teig halbieren, Haselnüsse mit Kakaopulver unter eine Teighälfte heben.

2. Eine Kranzform (Ø 26 cm) mit Öl fetten und dünn mit Paniermehl ausstreuen. Hellen Teig einfüllen. Nuss-Schoko-Teig daraufstreichen und mit einer Gabel spiralförmig durchziehen. Im Backofen auf mittlerer Schiene ca. 35 Minuten backen. Auskühlen lassen und mit Puderzucker bestäubt servieren.

16 Stücke

170 g Halbfettmargarine
150 g Zucker
4 Eier
300 g Mehl
1/2 Päckchen Backpulver
125 ml fettarme Milch
50 g gemahlene Haselnüsse
1 TL Kakaopulver
1 TL Pflanzenöl
1 EL Paniermehl
1 TL Puderzucker

Die Zitronen-Quark-Torte noch am selben Tag und gut gekühlt servieren, so schmeckt sie besonders erfrischend.

ZITRONEN-QUARK-TORTE

pro Stück 4 ProPoints Wert

50 Minuten

Zubereitung

1. Backofen auf 220° C (Gas: Stufe 4, Umluft: 200° C) vorheizen. Eier und Zucker ca. 5 Minuten zu einer dicken Creme aufschlagen. Mehl mit Backpulver mischen, darübersieben und kurz unterrühren. Teig in eine mit Backpapier ausgelegte Springform (Ø 26 cm) füllen.

2. Biskuitteig im Backofen auf mittlerer Schiene ca. 10 Minuten goldbraun backen. Boden leicht abkühlen lassen. Aus der Form lösen, mit einem feuchten Küchentuch abdecken und auskühlen lassen. Zitronenschale abreiben. Quark mit 2 Teelöffeln Zitronenschale und Puderzucker glatt rühren.

3. Biskuitboden waagerecht in zwei Hälften teilen. Unteren Boden mit einem Tortenrand umlegen, mit der Hälfte Zitronenquark bestreichen. Zitronenfruchtaufstrich darüberträufeln. Zweite Teighälfte darauflegen und Oberseite mit der restlichen Creme bestreichen. Nach Wunsch mit Zitronenscheiben garniert servieren.

8 Stücke

3 Eier
100 g Zucker
100 g Weizenmehl
1 TL Backpulver
1 unbehandelte Zitrone
250 g Magerquark
1 EL Puderzucker
4 TL Fruchtaufstrich Zitrone

KLASSISCHER
KÄSEKUCHEN

pro Stück 6 *ProPoints* Wert

120 Minuten

Zubereitung

1. Für den Teig 190 g Mehl, Backpulver, 60 g Zucker und Vanillezucker vermischen. Mit 1 Ei und Margarine zu einem glatten Teig verkneten. In Folie wickeln und ca. 30 Minuten kalt stellen.

2. Arbeitsfläche mit restlichem Mehl bestäuben und Teig darauf rund ausrollen. Eine mit Backpapier ausgelegte Springform (Ø 26 cm) damit auskleiden. Boden mit einer Gabel mehrmals einstechen. Backofen auf 180° C (Gas: Stufe 2, Umluft: 160° C) vorheizen.

3. Für den Belag restliche Eier trennen. Eigelb mit Quark, restlichem Zucker, Puddingpulver und Milch cremig rühren. Eiweiß steif schlagen und vorsichtig unterheben.

4. Die Käsemasse auf dem Teig verteilen. Im Backofen auf unterster Schiene ca. 70–75 Minuten backen. Falls der Kuchen zu dunkel wird, mit Backpapier abdecken. Käsekuchen abkühlen lassen und servieren.

Kühlzeit: 30 Minuten

12 Stücke

200 g Mehl
1 TL Backpulver
180 g Zucker
1 Päckchen Vanillezucker
5 Eier
75 g Halbfettmargarine
750 g Magerquark
1 Päckchen Vanillepuddingpulver
125 ml fettarme Milch

Die Muffins schmecken auch mit Himbeeren, Blaubeeren oder Stachelbeeren.

JOHANNISBEER-JOGHURT-MUFFINS

pro Stück 4 ProPoints Wert

40 Minuten

Zubereitung

1. Backofen auf 180° C (Gas: Stufe 2, Umluft: 160° C) vorheizen. Johannisbeeren vorsichtig waschen, trocken tupfen und abzupfen. Zucker, Ei und Joghurt verrühren. Backpulver und Mehl unterrühren und Johannisbeeren vorsichtig unterheben.

2. Mulden eines Muffinblechs mit Papiermanschetten auskleiden. Teig einfüllen und im Backofen auf mittlerer Schiene ca. 25 Minuten backen. Muffins auskuhlen lassen, mit Puderzucker bestäuben und nach Wunsch mit Johannisbeeren garniert servieren.

12 Stück

150 g Johannisbeeren
165 g Zucker
1 Ei
250 g Vanillejoghurt, 0,1 % Fett
3 TL Backpulver
280 g Mehl
1 TL Puderzucker

BUNTE CLOWN

MUFFINS

pro Stück
6 ProPoints Wert

50 Minuten

Zubereitung

1. Backofen auf 180° C (Gas: Stufe 2, Umluft: 160° C) vorheizen. Eier trennen. Margarine, Zucker und Vanillezucker schaumig rühren. Eigelb, Milch und Saft unterrühren. Mehl, Speisestärke und Backpulver vermischen und unterrühren. Eiweiß steif schlagen und vorsichtig unterheben.

2. Eine Muffinform mit Papiermanschetten auskleiden und Teig hineingeben. Ananasstücke gut abtropfen lassen und darauf verteilen. Muffins im Backofen auf mittlerer Schiene ca. 20 Minuten backen. Muffins abkühlen lassen.

3. Zitrone auspressen. Für die Glasur 1 Esslöffel Zitronensaft und Puderzucker verrühren. Die Muffins damit überziehen und mit Gummibärchen garnieren. Fest werden lassen und servieren.

12 Stück

2 Eier
120 g Halbfettmargarine
120 g Zucker
1 Päckchen Vanillezucker
60 ml fettarme Milch
65 ml Orangensaft
170 g Mehl
100 g Speisestärke
1 Päckchen Backpulver
1 Dose Ananasstücke, ohne Zucker (205 g Abtropfgewicht)
1 Zitrone
4 EL Puderzucker
100 g Gummibärchen

Sie können die Muffins auch mit 50 g Schokolinsen anstelle der Gummibärchen garnieren. Der ***ProPoints***® Wert ändert sich nicht.

Himbeer-Schoko-Muffins: Muffins wie beschrieben, aber nur mit 80 g Zartbitterschokolade und ohne Schokoladenraspel zum Bestreuen zubereiten. Muffins mit 40 g geschmolzener weißer Schokolade garnieren und je 1 Himbeere daraufsetzen. Der ***ProPoints***® Wert erhöht sich auf 5.

SCHOKOLADEN MUFFINS

pro Stück 4 ProPoints Wert

40 Minuten

Zubereitung

1. Backofen auf 200° C (Gas: Stufe 3, Umluft: 180° C) vorheizen. Schokolade hacken und davon 2 Esslöffel zur Seite stellen. Ei, Zucker, Vanillezucker, Öl, Joghurt und Kaffee verrühren. Mehl, Backpulver, Salz und Kakaopulver mischen und unterrühren. Gehackte Schokolade unterheben.

2. Mulden eines Muffinblechs mit Papiermanschetten auskleiden. Teig einfüllen, mit restlicher Schokolade bestreuen und im Backofen auf mittlerer Schiene ca. 20–25 Minuten backen. Muffins auskühlen lassen und servieren.

12 Stück

100 g Zartbitterschokolade
1 Ei
75 g Zucker
1 Päckchen Vanillezucker
40 g Pflanzenöl
150 g Magermilchjoghurt
20 ml starker Kaffee
160 g Mehl
2 TL Backpulver
1 Prise Salz
2 EL Kakaopulver

NUSSMUFFIN-SPIRALEN

pro Stück 6 ProPoints Wert

40 Minuten

Zubereitung

1. Hefe zerbröckeln, mit 1 Teelöffel Zucker in 50 ml Milch auflösen. 360 g Mehl in eine Schüssel geben, in die Mitte eine Vertiefung drücken und Hefemilch hineingießen. Mit etwas Mehl verrühren und Vorteig an einem warmen Ort zugedeckt ca. 20 Minuten gehen lassen.

2. Vorteig mit restlicher Milch, 70 g Zucker und Ei zu einem glatten Teig verkneten. Weitere ca. 30 Minuten gehen lassen und nochmals durchkneten. Arbeitsfläche mit restlichem Mehl bestäuben und Teig darauf zu einem Rechteck (ca. 10 x 40 cm) ausrollen.

3. Margarine schmelzen, mit restlichem Zucker und Haselnüssen vermischen. Auf den Teig streichen, von der langen Seite her aufrollen und in 12 Stücke schneiden. Muffinblech mit Papiermanschetten auslegen. Teigschnecken so hineindrücken, dass die Schneckenspiralen waagerecht nach oben zeigen.

4. Backofen auf 180° C (Gas: Stufe 2, Umluft: 160° C) vorheizen. Schnecken weitere ca. 20 Minuten gehen lassen. Nussmuffin-Spiralen im Backofen im unteren Drittel ca. 18–20 Minuten backen, auskühlen lassen und servieren.

Gehzeit: 70 Minuten

12 Stück

1/2 Würfel Hefe
100 g Zucker
175 ml lauwarme fettarme Milch
370 g Mehl
1 Ei
30 g Halbfettmargarine
100 g gemahlene Haselnüsse

JOGHURTMUFFINS

3 x ANDERS

pro Stück 5 ProPoints Wert

50 Minuten

Zubereitung

1. Für den Teig Eier, Zucker, Margarine und Joghurt gut verrühren. Mehl und Backpulver mischen und nach und nach zugeben. Backofen auf 180° C (Gas: Stufe 2, Umluft: 160° C) vorheizen.

2. Für die Apfel-Marzipan-Muffins Marzipan raspeln. Äpfel vierteln, entkernen, schälen und in kleine Würfel schneiden. Marzipanraspel und Apfelwürfel unter den Grundteig mischen und mit Bittermandelaroma abschmecken. Eine Muffinform mit 12 Papiermanschetten auskleiden und Teig hineingeben.

3. Muffins im Backofen auf mittlerer Schiene ca. 30 Minuten backen und abkühlen lassen. Mit Puderzucker bestauben und servieren.

Kirsch-Zimt-Muffins

1 Glas Sauerkirschen, ohne Zucker (185 g Abtropfgewicht), gut abtropfen lassen, mit 2 EL gehackten Mandeln und 1/2 TL Zimtpulver unter den Grundteig mischen. Teig wie beschrieben in eine Muffinform geben und backen. Mit 1 TL Puderzucker bestäuben. Der *ProPoints*® Wert pro Stück ändert sich nicht.

Nougatmuffins

4 TL Nuss-Nougat-Creme mit 2 EL Milch verrühren und mit 2 EL gehackten Haselnüssen unter den Grundteig mischen. Teig wie beschrieben in eine Muffinform geben und backen. Mit 1 TL Puderzucker bestäuben. Der *ProPoints*® Wert pro Stück ändert sich nicht.

12 Stück

FÜR DEN TEIG:

3 Eier
90 g Zucker
100 g Halbfettmargarine
150 g Magermilchjoghurt
280 g Mehl
2 TL Backpulver

FÜR DIE APFEL-MARZIPAN-MUFFINS:

50 g Marzipanrohmasse
2 mittelgroße Äpfel (z. B. Elstar)
einige Tropfen Bittermandelaroma
1 TL Puderzucker

BROWNIES

MIT ZARTBITTERSCHOKOLADE

pro Stück 3 ProPoints Wert

50 Minuten

Zubereitung

1. Backofen auf 180° C (Gas: Stufe 2, Umluft: 160° C) vorheizen. Eier und Zucker ca. 10 Minuten sehr schaumig aufschlagen. Margarine schmelzen und mit Milch unterrühren. Mehl mit Back- und Kakaopulver mischen, sieben und dazugeben. Kuvertüre hacken, unterheben und Teig mit Rumaroma verfeinern.

2. Teig auf ein mit Backpapier ausgelegtes Backblech streichen und im Backofen auf mittlerer Schiene ca. 25–30 Minuten backen. Noch warm in 60 Würfel schneiden, Brownies abkühlen lassen und servieren.

60 Stück

9 Eier
240 g Zucker
250 g Halbfettmargarine
125 ml fettarme Milch
500 g Mehl
1 Päckchen Backpulver
70 g Kakaopulver
200 g Zartbitterkuvertüre
einige Tropfen Rumaroma

25 Min. backen ist ok!

Bei 160° Umluft reichen 18-20!

Bereiten Sie die Biskuitschnitten auch mit anderem Obst zu. Hierfür eignen sich z. B. Mandarinen oder Pfirsiche (Konserve ohne Zucker).

BISKUITSCHNITTEN

MIT ANANASCREME

pro Stück 4 ProPoints Wert

60 Minuten

Zubereitung

1. Backofen auf 200° C (Gas: Stufe 3, Umluft: 180° C) vorheizen. Eier trennen und Eiweiß steif schlagen. Eigelb mit Wasser, 135 g Zucker und Salz weißschaumig schlagen. Mehl, Speisestärke und Backpulver mischen, kurz unterrühren und Eischnee vorsichtig unterheben.

2. Teig auf ein mit Backpapier ausgelegtes Backblech streichen. Im Backofen auf mittlerer Schiene ca. 10–15 Minuten backen und auskühlen lassen.

3. Quark, Frischkäse und 75 g Zucker verrühren. Ananasstücke gut abtropfen lassen und unter die Quarkmasse mischen. Cremefine steif schlagen und unterheben. Masse auf dem Biskuit verstreichen.

4. Puddingpulver mit 50 ml Saft verrühren. Restlichen Saft mit restlichem Zucker erhitzen, angerührtes Puddingpulver dazugeben und aufkochen lassen. Unter Rühren etwas abkühlen lassen, auf der Creme verteilen und Kuchen ca. 2 Stunden kalt stellen.

Kühlzeit: 2 Stunden

20 Stücke

4 Eier
4 EL lauwarmes Wasser
235 g Zucker
1 Prise Salz
100 g Mehl
50 g Speisestärke
1 TL Backpulver
300 g Magerquark
250 g Frischkäse, bis 1 % Fett absolut
2 Gläser Ananasstücke (ohne Zucker, à 205 g Abtropfgewicht)
180 ml Cremefine zum Schlagen
2 EL Vanillepuddingpulver
600 ml Multivitaminsaft, kalorienreduziert

APFELKUCHEN

MIT EIERLIKÖRCREME

pro Stück
3 ProPoints Wert

55 Minuten

Zubereitung

1. Backofen auf 180° C (Gas: Stufe 2, Umluft: 160° C) vorheizen. Für den Teig Eier trennen und Eiweiß steif schlagen. Eigelb mit 5 Esslöffeln Wasser und Zucker sehr schaumig aufschlagen. Mehl, Speisestärke, Back- und Kakaopulver mischen und mit Eischnee vorsichtig unter die Eigelbmasse heben.

2. Teig auf einem mit Backpapier ausgelegten Backblech verstreichen und im Backofen auf mittlerer Schiene ca.15–20 Minuten backen. Herausnehmen und abkühlen lassen.

3. Für das Apfelkompott Äpfel vierteln, entkernen, schälen und in kleine Stücke schneiden. Mit Apfelsaft, Zimtpulver und Vanillezucker aufkochen. 2 Esslöffel Puddingpulver mit restlichem Wasser verrühren, unter die Apfelstücke rühren und einmal aufkochen lassen. Kompott auf dem Teig verteilen und kalt werden lassen.

4. Für die Creme aus restlichem Puddingpulver und Milch nach Packungsanweisung einen Sahnepudding zubereiten und mit Eierlikör verfeinern. Eierlikörcreme in Klecksen auf dem Kuchen verteilen und in Stücke schneiden.

20 Stücke

4 Eier
7 EL kaltes Wasser
150 g Zucker
100 g Mehl
75 g Speisestärke
2 TL Backpulver
2 EL Kakaopulver
1 kg Äpfel (z. B. Boskop)
250 ml Apfelsaft
1 TL Zimtpulver
2 Päckchen Vanillezucker
1 Päckchen Sahnepuddingpulver
300 ml fettarme Milch
60 ml Eierlikör

Außerhalb der Saison können Sie den Kuchen auch mit 2 Gläsern Stachelbeeren (à 360 g Abtropfgewicht) zubereiten. Der ***ProPoints***® Wert erhöht sich auf 7 pro Stück.

STACHELBEER-QUARK-STREUSEL

pro Stück

6 ProPoints Wert

80 Minuten

Zubereitung

1. Für den Hefeteig Hefe zerbröckeln, mit 1 Teelöffel Zucker in 50 ml Milch auflösen. 370 g Mehl in eine Schüssel geben, in die Mitte eine Vertiefung drücken und Hefemilch hineingießen. Mit etwas Mehl verrühren und Vorteig an einem warmen Ort zugedeckt ca. 10 Minuten gehen lassen. Vorteig mit restlicher Milch, 60 g Zucker und 50 g Margarine verkneten und weitere ca. 30 Minuten gehen lassen.

2. Für die Streusel restliche Margarine mit restlichem Zucker cremig rühren. Restliches Mehl zugeben und mit den Händen zu Streuseln verreiben. Hefeteig durchkneten und in einer mit Backpapier ausgelegten Fettpfanne ausrollen. Weitere ca. 30 Minuten gehen lassen. Backofen auf 180° C (Gas: Stufe 2, Umluft: 160° C) vorheizen. Stachelbeeren waschen und trocken tupfen.

3. Eier trennen. Eigelb mit Quark und Puddingpulver verrühren und mit Süßstoff verfeinern. Eiweiß mit Vanillezucker steif schlagen und unter die Quarkmasse heben. Hefeteig mit Quarkmasse bestreichen. Stachelbeeren darauf verteilen und mit Streuseln bestreuen. Im Backofen auf mittlerer Schiene ca. 45 Minuten backen. Im ausgeschalteten Backofen bei geöffneter Tür ca. 10 Minuten ruhen lassen, dabei eventuell abdecken. Stachelbeer-Quark-Streusel auskühlen lassen und servieren.

Gehzeit: 70 Minuten

20 Stücke

1 Würfel Hefe
180 g Zucker
180 ml lauwarme fettarme Milch
620 g Mehl
170 g Halbfettmargarine
1 kg Stachelbeeren
5 Eier
500 g Magerquark
1 Packung Vanillepuddingpulver
einige Tropfen flüssiger Süßstoff
1 Päckchen Vanillezucker

Noch fruchtiger wird der Striezel,

wenn Sie der Füllung 200 g in Würfel geschnittene frische Aprikosen zufügen. Der ***ProPoints***® Wert ändert sich nicht.

MANDEL-APRIKOSEN-STRIEZEL

pro Stück 4 ProPoints Wert

45 Minuten

Zubereitung

1. Für den Hefeteig Hefe zerbröckeln, mit 1 Teelöffel Zucker in 50 ml Milch auflösen. Mehl in eine Schüssel geben, in die Mitte eine Vertiefung drücken und Hefemilch hineingießen. Mit etwas Mehl verrühren und Vorteig an einem warmen Ort zugedeckt ca. 20 Minuten gehen lassen.

2. Vorteig mit restlicher Milch, restlichem Zucker, Ei, Margarine und Salz zu einem glatten Teig verkneten. Hefeteig weitere ca. 30 Minuten gehen lassen. Backofen auf 180° C (Gas: Stufe 2, Umluft: 160° C) vorheizen.

3. Hefeteig auf einem mit Backpapier ausgelegten Backblech zu einem Rechteck (ca. 30 x 40 cm) ausrollen und weitere ca. 30 Minuten gehen lassen. Den Teig mit Aprikosenkonfitüre bestreichen und mit 120 g Mandeln bestreuen. Die beiden langen Seiten zur Mitte hin einklappen.

4. Striezel mit Kondensmilch bestreichen und mit restlichen Mandeln bestreuen. Im Backofen auf mittlerer Schiene ca. 25 Minuten backen. Mandel-Aprikosen-Striezel auskühlen lassen und mit Puderzucker bestäubt servieren.

Gehzeit: 80 Minuten

20 Stücke

1/2 Würfel Hefe
60 g Zucker
120 ml lauwarme fettarme Milch
420 g Mehl
1 Ei
30 g Halbfettmargarine
1 Prise Salz
120 g Aprikosenkonfitüre
130 g gehackte Mandeln
20 ml Kondensmilch, 4 % Fett
1 TL Puderzucker

APFEL-PUDDING-TORTE

pro Stück 6 ProPoints Wert

75 Minuten

Zubereitung

1. Zitronenschale abreiben. Mehl, Margarine, Puderzucker, Ei, Vanillezucker, 2 Teelöffel Zitronenschale und Salz zu einem glatten Teig verkneten. In Frischhaltefolie wickeln und kalt gestellt ca. 30 Minuten ruhen lassen.

2. Für die Füllung Äpfel vierteln, entkernen, schälen und in Spalten schneiden. Pudding nach Packungsanweisung mit Milch, Sahne und Zucker zubereiten. Leicht abkühlen lassen und Eigelbe unterziehen. Backofen auf 180° C (Gas: Stufe 2, Umluft: 160° C) vorheizen.

3. Teig zwischen Folie ausrollen und eine mit Backpapier ausgelegte Springform (Ø 26 cm) damit auskleiden. Apfelstücke auf den Teig geben und Puddingmasse darübergießen. Mit Mandelblättchen bestreuen. Im Backofen auf mittlerer Schiene ca. 45 Minuten backen, abkühlen lassen und servieren.

Kühlzeit: 30 Minuten

12 Stücke

1 unbehandelte Zitrone
240 g Mehl
120 g Halbfettmargarine
3 EL Puderzucker
1 Ei
1 Päckchen Vanillezucker
1 Prise Salz
750 g Äpfel (z. B. Braeburn)
1 Päckchen Vanillepudding
250 ml fettarme Milch
120 ml Sahne
3 EL Zucker
2 Eigelb
40 g Mandelblättchen

ERDBEER-BAISER-TORTE

pro Stück 5 ProPoints Wert

70 Minuten

Zubereitung

1. Backofen auf 180° C (Gas: Stufe 2, Umluft: 160° C) vorheizen. 100 g Margarine mit 100 g Zucker, Vanillezucker und 1 Prise Salz cremig rühren. Eier trennen und Eigelbe unterrühren. Mehl mit Backpulver und Kokosraspeln mischen, nach und nach mit Wasser unterrühren. Eine Springform (Ø 26 cm) mit restlicher Margarine fetten, Teig einfüllen und im Backofen auf mittlerer Schiene ca. 25–30 Minuten backen.

2. Erdbeeren waschen und trocken tupfen. Eiweiß mit 1 Prise Salz steif schlagen, nach und nach restlichen Zucker unterschlagen.

3. Erdbeeren auf den Tortenboden setzen. Eischnee vorsichtig wellenförmig mit einem Löffelrücken darauf verstreichen, dabei kleine Spitzen vom Eischnee hochziehen. Kuchen weitere ca. 5–8 Minuten backen, bis die Baiserspitzen goldbraun sind. Abkühlen lassen und servieren.

12 Stücke

105 g weiche Halbfettmargarine
210 g Zucker
1 Päckchen Vanillezucker
Salz
3 Eier
100 g Mehl
1 TL Backpulver
6 EL Kokosraspel
2–3 EL Wasser
600 g Erdbeeren

PHILADELPHIA-TORTE

pro Stück 4 ProPoints Wert

25 Minuten

Zubereitung

1. Löffelbiskuits in einen Gefrierbeutel geben und mit einem Nudelholz oder Fleischklopfer zerkleinern. Margarine in einem Topf schmelzen. Löffelbiskuitbrösel unterrühren, in eine mit Backpapier ausgelegte Springform (Ø 26 cm) drücken und kalt gestellt fest werden lassen.

2. Zitronenhälfte auspressen. Frischkäse, Quark, 50 g Zucker und 1 Esslöffel Zitronensaft verrühren. Götterspeisepulver mit restlichem Zucker und Wasser in einem Topf verrühren. Unter Rühren erhitzen, bis sich der Zucker gelöst hat. Götterspeise unter die Frischkäsemasse rühren. Cremefine steif schlagen und unterheben. Creme auf den Boden streichen und ca. 4 Stunden kalt gestellt fest werden lassen. Philadelphia-Torte servieren.

Kühlzeit: 4 Stunden 30 Minuten

12 Stücke

150 g Löffelbiskuits
80 g Halbfettmargarine
1/2 Zitrone
300 g Frischkäse, bis 1 % Fett absolut
250 g Magerquark
100 g Zucker
1 Päckchen Zitronengötterspeisepulver
125 ml Wasser
100 ml Cremefine zum Schlagen

Die Baisermasse kann auch mit einem Spritzbeutel auf dem Kuchen verteilt werden. Oder Sie kreieren eigene Muster mit einer Gabel.

Im Sommer schmeckt der Erdnuss-kuchen auch sehr lecker, wenn Sie die Birnen durch 750 g frische Himbeeren ersetzen.

ERDNUSS-
BIRNEN-KUCHEN

pro Stück 5 ProPoints Wert

65 Minuten

Zubereitung

1. Eier trennen. Eigelb mit Wasser, 150 g Zucker, Joghurt und Erdnusscreme schaumig schlagen. Mehl mit Backpulver mischen und unter die Masse ziehen. Teig auf einem mit Backpapier ausgelegten Backblech verteilen. Backofen auf 180° C (Gas: Stufe 2, Umluft: 160° C) vorheizen.

2. Zitrone auspressen. Birnen vierteln, entkernen, schälen und in feine Spalten schneiden. Birnenspalten mit 2 Esslöffeln Zitronensaft beträufeln. Birnenspalten auf den Teig legen, mit Erdnüssen bestreuen und im Backofen auf mittlerer Schiene ca. 15 Minuten vorbacken.

3. Eiweiß mit restlichem Zucker und Vanillezucker steif schlagen und in Streifen auf dem Kuchen verteilen. Bei gleicher Temperatur weitere ca. 15 Minuten fertig backen.

20 Stücke

- **4** Eier
- **7 EL** kaltes Wasser
- **200 g** Zucker
- **300 g** fettarmer Joghurt
- **90 g** Erdnusscreme
- **375 g** Mehl
- **1 Päckchen** Backpulver
- **1** Zitrone
- **1 kg** Birnen (z. B. Abate Fetel)
- **3 EL** gehackte Erdnüsse
- **2 Päckchen** Vanillezucker

Der Kuchen schmeckt auch lecker, wenn Sie die Pflaumen durch Äpfel oder Pfirsiche ersetzen!

PFLAUMENKUCHEN
MIT ZIMTSTREUSELN

pro Stück 6 ProPoints Wert

90 Minuten

Zubereitung

1. Pflaumen waschen, halbieren, den Stein entfernen und Pflaumen in Spalten schneiden. Backofen auf 180° C (Gas: Stufe 2, Umluft: 160° C) vorheizen. 175 g Margarine mit 100 g Zucker und 1 Päckchen Vanillezucker cremig rühren. 3 Eier nach und nach unter den Teig rühren. 300 g Mehl und Backpulver mischen und portionsweise unter den Teig rühren.

2. Teig auf einem mit Backpapier ausgelegten Backblech verstreichen. Restliche Eier trennen. Quark mit Eigelb und restlichem Vanillezucker glatt rühren. Eiweiß steif schlagen, vorsichtig unter die Quarkmasse ziehen und mit Süßstoff abschmecken. Quarkmasse auf dem Teig verstreichen und im Backofen auf mittlerer Schiene ca. 25 Minuten vorbacken.

3. Für die Streusel restliche Margarine in einem Topf schmelzen und mit restlichem Mehl, restlichem Zucker und Zimtpulver zu Streuseln verkneten. Pflaumenspalten auf dem vorgebackenen Kuchen verteilen und mit Zimtstreuseln bestreuen. Bei gleicher Temperatur weitere ca. 30 Minuten backen.

20 Stücke

1 kg Pflaumen (ersatzweise Zwetschgen)
275 g Halbfettmargarine
175 g Zucker
3 Päckchen Vanillezucker
5 Eier
500 g Mehl
1 Päckchen Backpulver
1 kg Magerquark
einige Tropfen flüssiger Süßstoff
2–3 TL Zimtpulver

Sie können den Kuchen auch mit 2 Gläsern Pfirsichen in Spalten ohne Zucker (à 340 g Abtropfgewicht) zubereiten. Der ***ProPoints***® Wert pro Stück ändert sich nicht.

CREMIGER
STACHELBEERKUCHEN

pro Stück

4 ProPoints Wert

60 Minuten

Zubereitung

1. Hefe zerbröckeln, mit Zucker in Milch auflösen. 400 g Mehl in eine Schüssel geben, in die Mitte eine Vertiefung drücken und Hefemilch hineingießen. Mit etwas Mehl verrühren und Vorteig an einem warmen Ort zugedeckt ca. 15 Minuten gehen lassen.

2. Margarine, 1 Ei, 100 g Frischkäse und Salz zum Vorteig geben. Zu einem glatten Teig verkneten und weitere ca. 30 Minuten gehen lassen. Teig nochmals gut durchkneten.

3. Arbeitsfläche mit restlichem Mehl bestäuben. Teig darauf ausrollen, auf ein mit Backpapier ausgelegtes Backblech geben und weitere ca. 15 Minuten gehen lassen. Backofen auf 180° C (Gas: Stufe 2, Umluft: 160° C) vorheizen.

4. Stachelbeeren gut abtropfen lassen und auf dem Teig verteilen. Restlichen Frischkäse mit Ricotta und restlichem Ei verrühren und mit Süßstoff abschmecken. Ricottamasse über die Stachelbeeren streichen. Im Backofen auf mittlerer Schiene ca. 30–35 Minuten backen. Stachelbeerkuchen auskühlen lassen und servieren.

Gehzeit: 60 Minuten

20 Stücke

1 Würfel Hefe
60 g Zucker
50 ml lauwarme fettarme Milch
410 g Mehl
50 g Halbfettmargarine
2 Eier
300 g Frischkäse, bis 1 % Fett absolut
1 Prise Salz
2 Gläser Stachelbeeren (ohne Zucker, à 340 g Abtropfgewicht)
250 g Ricotta
einige Tropfen flüssiger Süßstoff

KIRSCH-MOHN-KUCHEN

pro Stück 5 ProPoints Wert

60 Minuten

Zubereitung

1. Backofen auf 180° C (Gas: Stufe 2, Umluft: 160° C) vorheizen. Für den Teig Zitronenschale abreiben. Margarine mit Mohn Back und 1 Teelöffel Zitronenschale cremig rühren. Eier nacheinander unterrühren und Milch untermischen. Mehl mit Backpulver mischen und unterheben. Teig auf einem mit Backpapier ausgelegten Backblech glatt streichen. Im Backofen auf mittlerer Schiene ca. 20–25 Minuten backen und etwas abkühlen lassen.

2. Für den Belag Kirschen waschen, entsteinen und gut abtropfen lassen. Cremefine steif schlagen. Frischkäse mit Vanillezucker verrühren und Cremefine unterziehen. Kuchen mit der Frischkäsecreme bestreichen und mit Kirschen belegen. Tortenguss nach Packungsanweisung mit Kirschsaft und Wasser anrühren, mit Süßstoff abschmecken und auf dem Kuchen verteilen. Kuchen ca. 2 Stunden kalt stellen, in Stücke schneiden und servieren.

Kühlzeit: 2 Stunden

20 Stücke

1 unbehandelte Zitrone
175 g Halbfettmargarine
1 Packung Mohn Back (z. B. von Schwartau)
3 Eier
100 ml fettarme Milch
350 g Mehl
1 Päckchen Backpulver
1 kg Sauerkirschen
200 ml Cremefine zum Schlagen
200 g Frischkäse, bis 1 % Fett absolut
2 Päckchen Vanillezucker
1 Päckchen roter Tortenguss, ohne Zucker
150 ml Kirschsaft
100 ml Wasser
einige Tropfen flüssiger Süßstoff

Verwenden Sie für einen Erdbeer-Mohn-Kuchen 1 kg Erdbeeren anstatt der Kirschen.

Sie können die Teigscheiben auch einzeln als Schnecken abbacken. Die Backzeit verringert sich auf ca. 15–20 Minuten.

MOHNSCHNECKEN

KUCHEN

pro Stück 6 ProPointe Wert

60 Minuten

Zubereitung

1. Hefe zerbröckeln und mit Zucker in Milch auflösen. 300 g Mehl in eine Schüssel geben, in die Mitte eine Vertiefung drücken und Hefemilch hineingießen. Mit etwas Mehl verrühren und Vorteig an einem warmen Ort zugedeckt ca. 15 Minuten gehen lassen.

2. Margarine, Ei und Salz zum Vorteig geben. Zu einem glatten Teig verkneten und weitere ca. 30 Minuten gehen lassen. Teig gut durchkneten. Arbeitsfläche mit restlichem Mehl bestäuben und Teig zu einem Rechteck (ca. 40 x 30 cm) ausrollen. Weitere ca. 15 Minuten gehen lassen. Backofen auf 180° C (Gas: Stufe 2, Umluft: 160° C) vorheizen.

3. Teig mit Mohn Back bestreichen, dabei einen ca. 1 cm breiten Rand freilassen. Marzipan darüberraspeln. Teig von der Längsseite her aufrollen und in 12 Stücke schneiden. Die Stücke mit den Spiralen nach oben nebeneinander in eine mit Backpapier ausgelegte Springform (Ø 26 cm) legen. Im Backofen auf mittlerer Schiene ca. 35 Minuten backen. Auskühlen lassen und mit Puderzucker bestäubt servieren.

Gehzeit: 60 Minuten

12 Stücke

1/2 Würfel Hefe
2 EL Zucker
75 ml lauwarme fettarme Milch
310 g Mehl
80 g Halbfettmargarine
1 Ei
1 Prise Salz
250 g Mohn Back (z. B. von Schwartau)
80 g Marzipanrohmasse
1 TL Puderzucker

Ideal für den Wochenend-Brunch.

LUFTIGER HEFEZOPF
3 x ANDERS

pro Stück 4 *ProPoints* Wert

40 Minuten

Zubereitung

1. Hefe zerbröckeln und mit 1 Prise Zucker in 240 ml Milch auflösen. Mehl in eine Schüssel geben, in die Mitte eine Vertiefung drücken und Hefemilch hineingießen. Mit etwas Mehl verrühren und Vorteig an einem warmen Ort ca. 15 Minuten zugedeckt gehen lassen.

2. Zitronenschale abreiben. Vorteig mit Salz, Butter, restlichem Zucker und 1 Esslöffel Zitronenschale zu einem glatten Teig verkneten. Weitere ca. 45 Minuten gehen lassen.

3. Teig nochmals gut kneten und in drei Portionen teilen. Zu ca. 35 cm langen Strängen formen und zu einem Zopf flechten. Hefezopf weitere ca. 10–15 Minuten gehen lassen. Backofen auf 200° C (Gas: Stufe 3, Umluft: 180° C) vorheizen.

4. Hefezopf auf ein mit Backpapier ausgelegtes Backblech legen, mit restlicher Milch bestreichen und im Backofen auf mittlerer Schiene ca. 15–20 Minuten backen.

Gehzeit: 1 Stunde 15 Minuten

Hefezopf mit Rosinen
Vorteig wie beschrieben zubereiten. Zusammen mit den übrigen angegebenen Zutaten 1 Ei und 180 g Rosinen unterkneten. Als Zopf geflochten oder in der Kastenform (Länge 30 cm) wie angegeben backen. Berechnen Sie für diese Variante den *ProPoints*® Wert 5 pro Stück.

Nusshefezopf
Für die Füllung 80 g gemahlene Haselnüsse, 45 g Zucker und 75 g Schmand verrühren. Teig wie oben beschrieben zubereiten und in Portionen teilen. Jeweils ca. 6 mm dick Rechtecke von 15 cm x 40 cm ausrollen, mit der Füllung bestreichen. Teigplatten wie eine Biskuitrolle aufrollen und miteinander zu einem Zopf flechten. Weitere ca. 30 Minuten gehen lassen und wie oben angegeben backen.
Der *ProPoints*® Wert pro Stück erhöht sich auf 6.

Für jeweils 16 Stücke

1 Würfel Hefe
90 g Zucker
250 ml lauwarme fettarme Milch
480 g Mehl
1 unbehandelte Zitrone
1 Prise Salz
80 g weiche Halbfettbutter

APFEL-MARZIPAN-WAFFELN

pro Stück 7 ProPoints Wert

45 Minuten

Zubereitung

1. Eier trennen. Eigelb mit Margarine und Zucker schaumig schlagen. Nach und nach Milch und Mineralwasser unterrühren. Mehl und Backpulver mit 1 Messerspitze Zimtpulver mischen und dazugeben.

2. Äpfel waschen. 1 Apfel vierteln, entkernen und raspeln. Marzipan grob reiben. Apfel- und Marzipanraspel unter den Teig mischen und mit Bittermandelaroma verfeinern. Eiweiß steif schlagen und unterheben. Waffeleisen dünn mit Öl bepinseln und nacheinander 6 Waffeln goldbraun abbacken.

3. Restliche Äpfel vierteln, entkernen und in Würfel schneiden. Apfelwürfel mit Wasser ca. 5 Minuten dünsten, mit Vanillezucker und Zimtpulver verfeinern. Waffeln mit Puderzucker bestäuben und mit Apfelkompott servieren.

6 Stück

2 Eier
60 g Halbfettmargarine
3 EL Zucker
60 ml fettarme Milch
4 EL kohlensäurehaltiges Mineralwasser
170 g Mehl
1/2 Päckchen Backpulver
Zimtpulver
5 säuerliche Äpfel (z. B. Cox Orange)
40 g Marzipanrohmasse
einige Tropfen Bittermandelaroma
1 TL Pflanzenöl
200 ml Wasser
1 Päckchen Vanillezucker
1 TL Puderzucker

STRACCIATELLA WAFFELN

pro Stück 8 ProPoints Wert

40 Minuten

Zubereitung

1. Zitrone auspressen. Erdbeeren waschen und trocken tupfen. Die Hälfte der Erdbeeren mit 1 Esslöffel Zitronensaft und Marmelade pürieren, mit Joghurt verrühren. Restliche Erdbeeren würfeln, unter den Joghurt heben und kalt stellen.

2. Eier trennen. Eigelb mit Margarine, Zucker und Vanillezucker schaumig rühren. Nach und nach Milch und Wasser unterrühren. Mehl mit Backpulver mischen und mit Schokolade unter den Teig rühren. Eiweiß steif schlagen und unterheben.

3. Waffeleisen erhitzen und mit Öl fetten. Nach und nach 6 Waffeln goldbraun abbacken. Waffeln mit Erdbeerjoghurt servieren.

6 Stück

1 Zitrone
750 g Erdbeeren
2 TL kalorienreduzierte Erdbeermarmelade
500 g fettarmer Joghurt
2 Eier
60 g weiche Halbfettmargarine
45 g Zucker
1 Päckchen Vanillezucker
60 ml fettarme Milch
4 EL kohlensäurehaltiges Mineralwasser
180 g Mehl
1 Päckchen Backpulver
2 EL Raspelschokolade
1 TL Pflanzenöl

MOUSSE
AU CHOCOLAT-TORTE

pro Stück 6 ProPoints Wert

30 Minuten

Zubereitung

1. Backofen auf 200° C (Gas: Stufe 3, Umluft: 180° C) vorheizen. Eier trennen. Eigelb mit Wasser, Zucker und Salz ca. 5 Minuten schaumig aufschlagen. Mehl, Backpulver und Mandeln mischen. Über die Eimasse sieben und unterheben.

2. Eiweiß steif schlagen und unterheben. Teig in eine mit Backpapier ausgelegte Springform (Ø 26 cm) streichen. Im Backofen auf mittlerer Schiene ca. 15 Minuten backen und auskühlen lassen.

3. Cremefine mit Chocolate Mousse-Pulver steif schlagen. Crème légère und Kakaopulver unterrühren und mit Süßstoff abschmecken. Creme auf dem Biskuitboden verteilen. Weiße Schokolade raspeln und Torte damit garnieren. Mousse au Chocolat-Torte ca. 2 Stunden kalt stellen und servieren.

Kühlzeit: 2 Stunden

12 Stücke

3 Eier
2 EL lauwarmes Wasser
80 g Zucker
1 Prise Salz
100 g Mehl
1 TL Backpulver
40 g gemahlene Mandeln
350 ml Cremefine zum Schlagen
2 Beutel Weight Watchers Chocolate Mousse, ohne Milch zubereitet
100 g Crème légère
3 EL Kakaopulver
einige Tropfen flüssiger Süßstoff
30 g weiße Schokolade

Zum 45. Geburtstag hat sich Sabine von ihren überflüssigen Pfunden verabschiedet.

Als zuverlässiges Navigationssystem auf ihrem Kurs in eine schlanke Zukunft dient der *ProPoints*® Plan von Weight Watchers.

Ein Bewegungsmuffel war Sabine noch nie. Im Gegenteil: Wassersport, Laufen und Skifahren zählten schon immer zu ihren Leidenschaften. Aber für regelmäßige sportliche Aktivitäten fehlte der berufstätigen Mutter von zwei Kindern meist die Zeit, und schließlich zeigte die Waage mehr Gewicht an als erwünscht.
Eine Kollegin, die gute Erfahrungen mit dem Ernährungsprogramm von **Weight Watchers** gemacht hatte, brachte sie auf die richtige Spur. „Eigentlich dachte ich, schon alles über das Abnehmen und eine gesunde Ernährung zu wissen", sagt Sabine. „Mit dem *ProPoints*® Plan musste ich mich intensiv beschäftigen. Das ist aber auch gut so, weil man lernt, Schwachstellen zu erkennen und Lebensmittel richtig zu bewerten." Nach dem Highlight des Programms gefragt, überlegt Sabine nicht lange: „Bananen haben null *ProPoints*® – das sind meine absoluten Super-Sattmacher."

Für Sabine war die Teilnahme am Treffen ein Volltreffer. Inzwischen hat sie 13 Kilogramm abgenommen; bis zum Zielgewicht von 68 Kilo sind es nur noch ein paar Pfund. „Größe 38 passt mir schon wieder, das ist ein tolles Gefühl", freut sich Sabine. Neben Entschlossenheit und Konsequenz hat ihr der *ProPoints*® Plan geholfen, ihre Ernährung sinnvoll umzustellen. „Kohlenhydrate, Eiweiß, Ballaststoffe und Fett – die Zusammensetzung der Lebensmittel ist entscheidend", sagt Sabine. „Lästiges Kalorienzählen kann ich mir da sparen." Und ihr ganz persönlicher Erfolgsplan? „Morgens esse ich nur Obst, mit Trauben und Bananen, mittags gibt es Salat, und abends koche ich für die ganze Familie." Auch ihre Kinder freuen sich über die lecker-leichten **Weight Watchers** Gerichte. „Und nebenbei werden sie zu einer gesunden Ernährung erzogen."

Der wichtigste Effekt, so Sabines Bilanz, sei jedoch nicht der Gewichtsverlust. „Beruf, Haushalt, Kinder, Hausaufgaben – ich bin den ganzen Tag gefordert", beschreibt die Düsseldorferin ihren Alltag. „Seit ich mich so bewusst ernähre, bin ich überhaupt nicht mehr müde. Sich fit und rundherum wohl zu fühlen, ist der schönste Erfolg." Auch für ihre Lieblingssportarten ist wieder reichlich Energie vorhanden. Zum 45. Geburtstag hat sich Sabine einen Privatlehrer gegönnt, um ihre Segelkenntnisse aufzufrischen. Und auf den nächsten Skiurlaub freut sie sich ganz besonders: „Da werden meine Kinder ganz schön staunen, was ihre Mutter drauf hat."

Fitnessprogramm für Körper und Seele

Sabine, 13 kg leichter

Anstelle der Johannisbeeren können Sie auch gemischte Beeren verwenden.

FRISCHKÄSE-BEEREN-TORTE

pro Stück 4 ProPoints Wert

40 Minuten

12 Stücke

140 g Zwieback
100 g Halbfettmargarine
1 Päckchen Himbeergötterspeise
650 ml Wasser
einige Tropfen flüssiger Süßstoff
1 Zitrone
200 g Frischkäse, bis 16 % Fett absolut
250 ml Cremefine zum Schlagen
1 TL Sahnesteif
500 g Johannisbeeren (TK)
1 Päckchen roter Tortenguss, ohne Zucker

Zubereitung

1. Zwieback in einen Gefrierbeutel geben und mit einem Nudelholz oder Fleischklopfer fein zerbröseln. Margarine schmelzen und mit den Zwiebackbröseln mischen. Eine Springform (Ø 26 cm) mit Backpapier auslegen, Bröselmasse darin festdrücken und ca. 30 Minuten kalt gestellt fest werden lassen.

2. Götterspeise nach Packungsanweisung mit 400 ml Wasser zubereiten, dabei den Zucker durch Süßstoff ersetzen. Götterspeise ca. 30 Minuten abkühlen, aber nicht fest werden lassen. Zitrone auspressen. Frischkäse mit Zitronensaft verrühren. Cremefine mit Sahnesteif steif schlagen.

3. Götterspeise mit dem Handrührgerät unter den Frischkäse rühren, Cremefine unterheben und mit Süßstoff abschmecken. Creme auf dem Zwiebackboden verteilen und ca. 1 Stunde kalt gestellt fest werden lassen. Beeren in einem Sieb auftauen und gut abtropfen lassen.

4. Beeren auf der Creme verteilen. Tortenguss nach Packungsanweisung mit restlichem Wasser zubereiten, dabei den Zucker durch Süßstoff ersetzen. Beeren mit Guss überziehen und ca. 1 Stunde kalt gestellt fest werden lassen.

Kühlzeit: 3 Stunden

HIMBEER-
SAHNE-SCHNITTEN

pro Stück
4 ProPoints Wert

45 Minuten

Zubereitung

1. Backofen auf 200° C (Gas: Stufe 3, Umluft: 180° C) vorheizen. Für den Biskuitteig Eier trennen. Eigelb mit Zucker ca. 5 Minuten schaumig rühren. Eiweiß steif schlagen. Mehl mit Stärke und Backpulver mischen und mit Eischnee vorsichtig unterheben.

2. Biskuitmasse auf ein mit Backpapier ausgelegtes Backblech streichen. Im Backofen auf mittlerer Schiene ca. 12 Minuten backen. Biskuit auf ein feuchtes Küchentuch stürzen und auskühlen lassen.

3. Himbeeren waschen und trocken tupfen. TK-Beeren in einem Sieb auftauen und gut abtropfen lassen. Biskuit mit 200 g Himbeeren belegen. Cremefine steif schlagen. 300 g Himbeeren pürieren, Gelatine Fix nach Packungsanweisung unterrühren und Cremefine unterheben. Mit Süßstoff abschmecken.

4. Himbeersahne auf den Kuchen streichen und mit restlichen Himbeeren belegen. Kuvertüre im warmen Wasserbad schmelzen. Himbeersahne mit Kuvertürefäden garnieren und Himbeer-Sahne-Schnitte servieren.

20 Stücke

4 Eier
125 g Zucker
75 g Mehl
50 g Speisestärke
1 TL Backpulver
600 g Himbeeren (ersatzweise TK)
500 ml Cremefine zum Schlagen
1 Beutel Gelatine Fix
einige Tropfen flüssiger Süßstoff
60 g dunkle Kuvertüre

Ohne Kuvertüre reduziert sich der ***ProPoints***® Wert pro Stück auf 3.

BIENENSTICH
MIT CREMEFÜLLUNG

pro Stück
7 ProPoints Wert

75 Minuten

Zubereitung

1. Für den Teig 125 ml Milch lauwarm erwärmen. Mit 480 g Mehl, Hefe, Salz, 90 g Zucker, Eiern, Wasser und 50 g Margarine zu einem glatten Teig verkneten. An einem warmen Ort zugedeckt ca. 45 Minuten gehen lassen.

2. Teig erneut gut durchkneten. Arbeitsfläche mit restlichem Mehl bestäuben, Teig darauf ausrollen und auf ein mit Backpapier ausgelegtes Backblech legen. Weitere ca. 20 Minuten zugedeckt gehen lassen. Backofen auf 160° C (Gas: Stufe 1, Umluft: 140° C) vorheizen.

3. Restliche Margarine schmelzen. Restlichen Zucker und Mandelblättchen dazugeben und einmal aufkochen lassen. Mandelmasse auf dem Teig verteilen und im Backofen auf mittlerer Schiene ca. 25–30 Minuten goldbraun backen.

4. Den Kuchen in 20 Stücke schneiden und jeweils waagerecht durchschneiden, sodass Mandeldeckel entstehen.

5. Für die Füllung Vanillepuddingpulver mit 100 ml Milch verrühren. Restliche Milch erhitzen, angerührtes Puddingpulver dazugeben und einmal aufkochen lassen. Pudding unter ständigem Rühren abkühlen lassen.

6. Cremefine steif schlagen und unter den abgekühlten Pudding mischen. Mit Süßstoff abschmecken, in einen Spritzbeutel füllen und auf die unteren Teigstücke spritzen. Mandeldeckel aufsetzen und ca. 1 Stunde kalt stellen. Bienenstich servieren.

Gehzeit: 65 Minuten
Kühlzeit: 1 Stunde

20 Stücke

875 ml fettarme Milch
500 g Mehl
1 Päckchen Trockenhefe
1 Prise Salz
165 g Zucker
2 Eier
50 ml lauwarmes Wasser
170 g Halbfettmargarine
60 g Mandelblättchen
2 Päckchen Vanillepuddingpulver
300 ml Cremefine zum Schlagen
einige Tropfen flüssiger Süßstoff

SCHWARZWÄLDER
KIRSCHTORTE

pro Stück

6 ProPoints Wert

80 Minuten

Zubereitung

1. Backofen auf 180° C (Gas: Stufe 2, Umluft: 160° C) vorheizen. Für den Teig Eier mit 3 Esslöffeln Wasser und Zucker sehr schaumig aufschlagen. Mehl mit Kakao- und Backpulver mischen, darübersieben und vorsichtig unterheben.

2. Teig in eine mit Backpapier ausgelegte Springform (Ø 26 cm) füllen und im Backofen auf mittlerer Schiene ca. 30 Minuten backen. Biskuit abkühlen lassen und zweimal waagerecht durchschneiden.

3. Für die Füllung Kirschen gut abtropfen lassen und Saft dabei auffangen. Vom Saft 200 ml abmessen und mit restlichem Wasser verrühren. Speisestärke mit 4 Esslöffeln Saft-Wasser-Mischung anrühren. Die restliche Saft-Wasser-Mischung in einem Topf erhitzen, angerührte Speisestärke dazugeben und aufkochen lassen. 12 Kirschen für die Garnitur zur Seite stellen. Restliche Kirschen unter den Saft mischen und mit Süßstoff abschmecken.

4. Einen Springformrand um den unteren Biskuitboden setzen und Kirschmasse darauf verteilen. Etwas abkühlen lassen und mit dem zweiten Biskuitboden bedecken. Cremefine mit Kirschwasser und Sahnesteif steif schlagen, mit Süßstoff abschmecken und 1/3 der Creme auf dem Boden verstreichen.

5. Dritten Boden aufsetzen und Torte ca. 30 Minuten kalt stellen. Springformrand lösen und Torte rundherum mit restlicher Creme bestreichen. Mit Raspelschokolade bestreuen, mit restlichen Kirschen garnieren und servieren.

Kühlzeit: 30 Minuten

12 Stücke

5 Eier
145 ml Wasser
120 g Zucker
130 g Mehl
1 EL Kakaopulver
1 Päckchen Backpulver
2 Gläser Sauerkirschen (ohne Zucker, à 185 g Abtropfgewicht)
2 EL Speisestärke
einige Tropfen flüssiger Süßstoff
300 ml Cremefine zum Schlagen
30 ml Kirschwasser
1 Päckchen Sahnesteif
65 g Raspelschokolade

HERBSTLICHER OBSTKUCHEN

pro Stück

5 ProPoints Wert

70 Minuten

Zubereitung

1. Mehl, Zucker, Margarine, Backpulver, 1 Päckchen Vanillezucker und Wasser zu einem Knetteig verkneten. Zu einer Kugel formen und in Folie gewickelt ca. 30 Minuten kalt gestellt ruhen lassen.

2. Pflaumen, Äpfel und Birnen waschen. Pflaumen halbieren und die Steine entfernen. Äpfel und Birnen vierteln, entkernen und in Spalten schneiden.

3. Etwa zwei Drittel des Knetteiges auf den Boden einer mit Backpapier ausgelegten Springform (Ø 26 cm) geben, Rand etwas hochziehen und mit dem Obst belegen. Walnüsse darüberstreuen. Backofen auf 190° C (Gas: Stufe 2, Umluft: 170° C) vorheizen.

4. Restlichen Teig mit restlichem Vanillezucker und Zimtpulver zu Streuseln verkneten, gleichmäßig auf dem Obst verteilen. Im Backofen auf unterster Schiene ca. 40–50 Minuten backen. Kuchen auskühlen lassen, mit Puderzucker bestäuben und servieren.

Kühlzeit: 30 Minuten

12 Stücke

300 g Mehl
90 g Zucker
150 g Halbfettmargarine
1 Päckchen Backpulver
2 Päckchen Vanillezucker
2 EL Wasser
500 g Pflaumen
250 g Äpfel
250 g Birnen
2 EL gehackte Walnüsse
1–2 TL Zimtpulver
1 TL Puderzucker

Genießen Sie den Käsekuchen in der Saison mit frischen Beeren.

KÄSEKUCHEN
MIT BEEREN

pro Stück
4 ProPoints Wert

55 Minuten

Zubereitung

1. Beeren in einem Sieb auftauen lassen. Für den Belag 1 Esslöffel Mehl zur Seite stellen. Für den Teig restliches Mehl mit Backpulver und Salz vermischen. Mit 1 Ei, 90 g Zucker und Margarine zu einem glatten Teig verkneten. Eine Kugel formen und in Frischhaltefolie gewickelt ca. 30 Minuten kalt stellen.

2. Teig zwischen Frischhaltefolie ausrollen. Auf ein mit Backpapier ausgelegtes Backblech oder in eine Auflaufform (ca. 30 x 40 cm) legen. Backofen auf 180° C (Gas: Stufe 2, Umluft: 160° C) vorheizen.

3. Für den Belag Frischkäse mit Milch glatt rühren. Mit restlichen Eiern, restlichem Mehl, Vanillezucker, restlichem Zucker und saurer Sahne verrühren. Beeren vorsichtig unterheben. Belag auf den Boden streichen. Im Backofen auf mittlerer Schiene ca. 35 Minuten backen und auskühlen lassen. Mit Puderzucker bestäubt servieren.

Kühlzeit: 30 Minuten

20 Stücke

750 g gemischte Beeren (TK, z. B. Brombeeren, Himbeeren, Johannisbeeren)
310 g Mehl
1 TL Backpulver
1 Prise Salz
3 Eier
165 g Zucker
100 g Halbfettmargarine
400 g Frischkäse, bis 1 % Fett absolut
75 ml fettarme Milch
2 Päckchen Vanillezucker
150 g saure Sahne
1 TL Puderzucker

ERDBEER-
FRISCHKÄSE-EISTORTE

pro Stück 5 ProPoints Wert

30 Minuten

Zubereitung

1. Frischkäse mit Zucker glatt rühren. Baiser in einen Gefrierbeutel geben und mit einem Nudelholz oder Fleischklopfer grob zerbröseln. Schokolade hacken und mit Baiserbröseln zur Frischkäsecreme geben.

2. 250 g Erdbeeren waschen, trocken tupfen, würfeln und vorsichtig unterheben. Cremefine mit Vanillezucker steif schlagen und unterziehen. Masse in eine Springform (Ø 26 cm) geben und ca. 12 Stunden gefrieren lassen.

3. Restliche Erdbeeren waschen und Eistorte damit garniert servieren. Torte mit einem elektrischen Messer oder einem in heißes Wasser getauchten Messer in Stücke schneiden.

Gefrierzeit: 12 Stunden

12 Stücke

150 g Frischkäse, bis 1 % Fett absolut
75 g Zucker
75 g Baiser
70 g Zartbitterschokolade
500 g Erdbeeren
500 ml Cremefine zum Schlagen
1 Päckchen Vanillezucker

HEIDELBEER-
BUTTERMILCH-EISTORTE

pro Stück 2 ProPoints Wert

30 Minuten

Zubereitung

1. Heidelbeeren waschen und trocken tupfen, TK-Heidelbeeren antauen lassen. 100 g Heidelbeeren pürieren. Limette auspressen. Buttermilch mit Quark, Joghurt, pürierten Heidelbeeren und 2 Teelöffeln Limettensaft verrühren.

2. Restliche Heidelbeeren untermischen. Cremefine steif schlagen und vorsichtig unterheben. Masse mit Süßstoff abschmecken und in eine mit Backpapier ausgelegte Springform (Ø 26 cm) füllen. Glatt streichen und ca. 8 Stunden einfrieren.

3. Um die Torte besser schneiden zu können, ca. 30 Minuten vor dem Servieren herausnehmen, etwas antauen lassen und das Messer vor dem Schneiden in heißes Wasser tauchen. Nach Wunsch mit Heidelbeeren garniert servieren.

Gefrierzeit: 8 Stunden

12 Stücke

600 g Heidelbeeren (frisch oder TK)
1 Limette
500 ml Buttermilch
500 g Magerquark
150 g fettarmer Joghurt
250 ml Cremefine zum Schlagen
einige Tropfen flüssiger Süßstoff

HIMBEER-GRIESS-
KUCHEN

pro Stück
6 ProPoints Wert

1 Stunde 55 Minuten

Zubereitung

1. Eier trennen. Butter schmelzen, etwas abkühlen lassen und mit Joghurt, Eigelb, Zucker, Vanillezucker und Süßstoff ca. 10 Minuten cremig schlagen. Grieß und Backpulver einrühren. Eiweiß steif schlagen und unterheben. Backofen auf 175° C (Gas: Stufe 2, Umluft: 155° C) vorheizen.

2. Himbeeren waschen und gut trockentupfen, TK-Beeren in einem Sieb auftauen lassen. Eine Kastenform (Länge 30 cm) mit Backpapier auslegen. Die Hälfte des Teiges einfüllen und mit der Hälfte der Himbeeren bedecken. Restlichen Teig daraufgeben und mit restlichen Himbeeren belegen.

3. Kuchen im Backofen auf mittlerer Schiene ca. 1 Stunde 40 Minuten backen. Himbeer-Grieß-Kuchen noch warm mit Orangensaft beträufeln, in der Form erkalten lassen und servieren.

16 Stücke

4 Eier
60 g Halbfettbutter
500 g fettarmer Joghurt
165 g Zucker
1 Päckchen Vanillezucker
einige Tropfen flüssiger Süßstoff
500 g trockener Hartweizengrieß
1 Päckchen Backpulver
300 g Himbeeren (ersatzweise TK)
200 ml Orangensaft

ERDBEER-
JOGHURT-TORTE

pro Stück 4 ProPoints Wert

65 Minuten

Zubereitung

1. Backofen auf 180° C (Gas: Stufe 2, Umluft: 160° C) vorheizen. Für den Teig Ei, 90 g Zucker und Wasser sehr schaumig schlagen. 150 g Joghurt und Öl unterrühren. Mehl und Backpulver mischen und untermischen. Teig in eine mit Backpapier ausgelegte Springform (Ø 26 cm) füllen. Im Backofen auf mittlerer Schiene ca. 20 Minuten backen und auskühlen lassen.

2. Erdbeeren waschen und trocken tupfen. Für den Belag 250 g Erdbeeren mit restlichem Zucker pürieren, mit restlichem Joghurt und Sirup verrühren. Gelatine Fix nach Packungsanweisung einrühren. Cremefine mit Sahnesteif steif schlagen und unterheben. Creme mit Süßstoff abschmecken.

3. Einige Erdbeeren zum Garnieren zur Seite stellen. Restliche Erdbeeren halbieren. Einen Springformrand um den Boden setzen und mit Erdbeerhälften belegen. Creme daraufstreichen und ca. 2 Stunden kalt stellen. Mit restlichen Erdbeeren garniert servieren.

Kühlzeit: 2 Stunden

12 Stücke

1 Ei
135 g Zucker
3 EL Wasser
600 g Magermilchjoghurt
1 EL Pflanzenöl
160 g Mehl
2 TL Backpulver
1 kg Erdbeeren
2 EL Vanillesirup
4 Beutel Gelatine Fix
150 ml Cremefine zum Schlagen
1 Päckchen Sahnesteif
einige Tropfen flüssiger Süßstoff

KOKOS-KÄSE-TARTE

pro Stück

4 ProPoints Wert

70 Minuten

Zubereitung

1. Backofen auf 180° C (Gas: Stufe 2, Umluft: 160° C) vorheizen. Zitronenhälfte auspressen. Eier trennen. Quark mit 140 g Zucker, 1 Esslöffel Zitronensaft, Öl, Eigelb, Puddingpulver und 2 Esslöffeln Kokosraspeln verrühren. Eiweiß steif schlagen und unterheben.

2. Quarkmasse in eine mit Backpapier ausgelegte Springform (Ø 26 cm) streichen. Restlichen Zucker mit restlichen Kokosraspeln mischen, auf der Creme verteilen und Kuchen im Backofen auf mittlerer Schiene ca. 55 Minuten backen. Kokos-Käse-Tarte auskühlen lassen und servieren.

12 Stücke

1/2 Zitrone
2 Eier
750 g Magerquark
160 g Zucker
2 EL Pflanzenöl
1 Päckchen Vanillepuddingpulver
5 EL Kokosraspel

KLEINE ERDBEERTÖRTCHEN

pro Stück 6 ProPoints Wert

50 Minuten

Zubereitung

1. 8 Tortelettförmchen mit 1 Teelöffel Margarine einfetten und mit Paniermehl ausstreuen. Für den Teig restliche Margarine mit Mehl, Zucker und Ei zu einem glatten Teig verkneten und in Folie gewickelt ca. 30 Minuten kalt stellen. Backofen auf 180° C (Gas: Stufe 2, Umluft: 160° C) vorheizen. Tortelettförmchen mit Teig auslegen und mehrmals mit einer Gabel einstechen. Im Backofen auf mittlerer Schiene ca. 20 Minuten backen, abkühlen lassen und aus den Förmchen stürzen.

2. Erdbeeren waschen, trocken tupfen und in Stücke schneiden. Torteletts mit Konfitüre bestreichen und mit Erdbeerstücken belegen. Tortenguss nach Packungsanweisung mit Wasser zubereiten, dabei den Zucker durch Süßstoff ersetzen. Torteletts mit Tortenguss überziehen und fest werden lassen. Cremefine steif schlagen, in einen Spritzbeutel füllen und Erdbeertörtchen mit Cremefine garniert servieren.

Kühlzeit: 30 Minuten

8 Stück

100 g Halbfettmargarine
1 EL Paniermehl
220 g Mehl
45 g Zucker
1 Ei
500 g Erdbeeren
60 g kalorienreduzierte Erdbeerkonfitüre
1 Päckchen roter Tortenguss, ohne Zucker
250 ml Wasser
einige Tropfen flüssiger Süßstoff
90 ml Cremefine zum Schlagen

KOKOS-MANGO-TÖRTCHEN

pro Stück 6 ProPoints Wert

35 Minuten

Zubereitung

1. Kokosraspel in einer Pfanne fettfrei rösten. Schokolade grob hacken und im warmen Wasserbad schmelzen. Crème légère mit Gelatine Fix verrühren, Schokolade und 4 Esslöffel Kokosraspel unterrühren. Cremefine steif schlagen und unterheben. Masse mit Süßstoff abschmecken und in 6 mit Frischhaltefolie ausgelegte Soufflé-förmchen (à 130 ml Inhalt) füllen. Im Kühlschrank ca. 4 Stunden fest werden lassen.

2. Limette auspressen. Mangos schälen, das Fruchtfleisch vom Stein schneiden und mit Limettensaft und Wasser pürieren. Mangopüree mit Süßstoff abschmecken. Törtchen aus der Form stürzen, auf die Kekse setzen und mit restlichen Kokosraspeln bestreuen. Kokostörtchen mit Mangopüree servieren.

Kühlzeit: 4 Stunden

6 Stück

5 EL Kokosraspel
40 g Vollmilchschokolade
200 g Crème légère
1 Beutel Gelatine Fix
200 ml Cremefine zum Schlagen
einige Tropfen flüssiger Süßstoff
1 Limette
2 Mangos
30 ml Wasser
6 runde Vollkornkekse (Ø ca. 5 cm, à 10 g)

Schmeckt auch gut mit z. B. Himbeeren, Nektarinen oder Pfirsichen. Der ***ProPoints***® Wert ändert sich nicht.

ERDBEER-
FRISCHKÄSE-SCHNITTEN

pro Stück
4 ProPoints Wert

45 Minuten

Zubereitung

1. Backofen auf 200° C (Gas: Stufe 3, Umluft: 180° C) vorheizen. Eier trennen. Eigelb mit Wasser verquirlen, Zucker und Salz zugeben und schaumig weiß aufschlagen. Eiweiß steif schlagen und daraufgeben. Mehl mit Speisestärke vermischen, darübersieben und alles kurz unterheben.

2. Auf einem mit Backpapier ausgelegten Backblech die Hälfte des Bleches abtrennen (z. B. mit Alufolie), Biskuitteig auf eine Hälfte geben und im Backofen auf mittlerer Schiene ca. 10–15 Minuten backen. Biskuit auskühlen lassen. Erdbeeren waschen, trocken tupfen und 500 g Erdbeeren fein würfeln.

3. Gelatine nach Packungsanweisung in Wasser einweichen, ausdrücken und auflösen. Mit 3 Esslöffeln Joghurt glatt rühren. Restlichen Joghurt, Frischkäse und Gelatine-Joghurt-Mischung verrühren. Erdbeerwürfel unterziehen, mit Süßstoff abschmecken und ca. 30 Minuten kalt stellen.

4. Erdbeer-Frischkäse-Creme gleichmäßig auf den Biskuitboden streichen und ca. 2–3 Stunden kalt gestellt fest werden lassen. Mit einem in heißes Wasser getauchtem Messer in 8 Stücke schneiden. Zironenmelisse waschen und trocken schütteln. Schnitten mit restlichen Erdbeeren und mit Zitronenmelisse garniert servieren.

10 Stück

2 Eier
2 EL warmes Wasser
60 g Zucker
1 Prise Salz
50 g Mehl
30 g Speisestärke
600 g Erdbeeren
8 Blatt weiße Gelatine
500 g fettarmer Joghurt
500 g Frischkäse, bis 1 % Fett absolut
einige Tropfen flüssiger Süßstoff
einige Blätter Zitronenmelisse

APFELKUCHEN

MIT GUSS

pro Stück 4 ProPoints Wert

65 Minuten

Zubereitung

1. Quark mit 3 Esslöffeln Milch, Öl, Zucker und Salz glatt rühren. Mehl mit Backpulver mischen und unterkneten. Quark-Öl-Teig in eine mit Backpapier ausgelegte Springform (Ø 26 cm) drücken. Backofen auf 180° C (Gas: Stufe 2, Umluft: 160° C) vorheizen.

2. Zitrone auspressen. Äpfel vierteln, entkernen, schälen, auf der Außenseite je 3-mal einritzen und mit Zitronensaft beträufeln. Apfelviertel mit der Außenseite nach oben fächerartig auf dem Teig verteilen und mit Zimtpulver bestäuben.

3. Haselnüsse in einer Pfanne fettfrei rösten. Mit Crème légère, Honig und restlicher Milch verrühren und in die Zwischenräume der Äpfel geben. Kuchen im Backofen auf mittlerer Schiene ca. 40–45 Minuten backen. Leicht auskühlen lassen und lauwarm servieren.

12 Stücke

75 g Magerquark
100 ml fettarme Milch
3 EL Pflanzenöl
40 g Zucker
1 Prise Salz
150 g Mehl
1/2 Päckchen Backpulver
1 Zitrone
750 g Äpfel (z. B. Boskop)
1/2 TL Zimtpulver
75 g gemahlene Haselnüsse
150 g Crème légère
4 TL Honig

KIRSCHSTREUSEL

KUCHEN

pro Stück 6 ProPoints Wert

65 Minuten

Zubereitung

1. Für den Teig 90 g Zucker und 135 g Margarine schaumig schlagen. Nach und nach Eier zugeben. 300 g Mehl mit Backpulver mischen, mit Mandeln und 1 Teelöffel Zimtpulver unterrühren.

2. Teig auf ein mit Backpapier ausgelegtes Backblech streichen. Kirschen in einem Sieb gut abtropfen lassen und auf dem Teig verteilen. Backofen auf 180° C (Gas: Stufe 2, Umluft: 160° C) vorheizen.

3. Für die Streusel restliche Margarine mit restlichem Mehl, restlichem Zucker, 1 Teelöffel Zimtpulver und Vanillezucker zu Streuseln verkneten und auf den Kirschen verteilen. Kuchen im Backofen auf mittlerer Schiene ca. 35 Minuten backen. Auskühlen lassen und servieren.

20 Stücke

210 g Zucker
235 g Halbfettmargarine
4 Eier
530 g Mehl
1 Päckchen Backpulver
2 EL gehackte Mandeln
Zimtpulver
2 Gläser Sauerkirschen (ohne Zucker, à 185 g Abtropfgewicht)
1 Päckchen Vanillezucker

oder 6 mittelgr. Äpfel

lecker!

Wer die Streusel besonders süß mag, mischt zusätzlich einige Tropfen flüssigen Süßstoff unter den Teig.

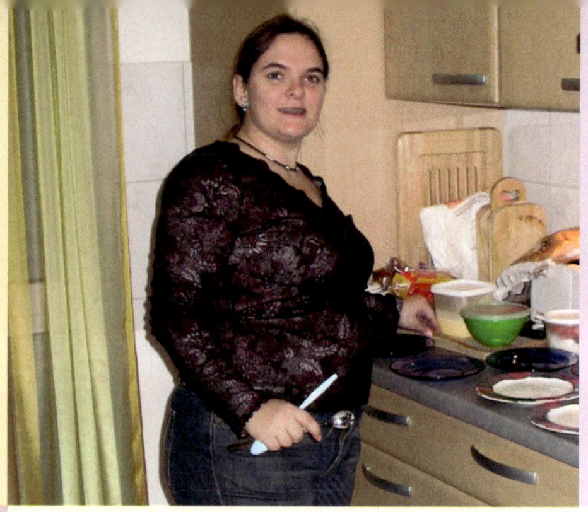

Schluss mit frustig: Die junge Ärztin hat eine alte Liebe neu entdeckt – und dabei fast 28 Kilogramm abgenommen.

Sie blickt fast zärtlich auf den Muffin in ihren Händen. „Die esse ich für mein Leben gern. Da läuft mir das Wasser im Mund zusammen", schwärmt Helena. Heute kann die 34-jährige Ärztin aus dem hessischen Hattersheim die süße Leckerei locker und entspannt genießen. In Glücksmomenten. Um sich etwas Besonderes zu gönnen. Das war nicht immer so. „Früher habe ich bei Stress zur Schokolade gelangt. Ich war eine Frustesserin. Erst als meine Gelenke weh taten, ich unter Migräne litt und mir Kleidergröße 46 zu eng wurde, wusste ich: Es führt kein Weg an einer Abnahme vorbei!"

Ernährungs-IQ statt Kaffeeklatsch

Durch eine Freundin hörte Helena von den **Weight Watchers** Treffen. „Zuerst war ich skeptisch. Ich stellte mir die Treffen als reine Hausfrauenrunde vor, glaubte, ich wäre fehl am Platz", erinnert sie sich. „Aber der Entschluss abzunehmen besiegte meine Bedenken. Und gleich mein erstes Treffen war beeindruckend: Selbst ich als Medizinerin habe viel Neues und Wissenswertes über Ernährung gelernt." Beeindruckend ist auch Helenas Abnahmeerfolg: Sie verlor stolze 28 Kilo!

„Sogar lange Treppen sind heute kein Problem mehr für mich, ich bin viel fitter als früher – und habe auch kaum noch Migräne", freut sich die leidenschaftliche Hobby-Bäckerin über ihr neues Lebensgefühl. „Es ist toll, dass ich wieder ohne Reue schlemmen kann. Die leckeren Rezepte aus den **Weight Watchers** Koch- und Backbüchern sind immer wieder eine Liebeserklärung an meine Figur", schmunzelt Helena und beißt genüsslich in ihren Muffin.

Helenas Erfolgstipps

- Finden Sie Mut und beginnen Sie mit der Abnahme – ganz gleich, welche Ereignisse vor der Tür stehen.
- Lassen Sie sich nie unterkriegen, seien Sie offen für Unterstützung.
- Geben Sie Frustessen keine Chance – ein Telefonat mit der besten Freundin oder ein kurzer Spaziergang wirken oft schon Wunder.

Denn zum Küssen sind sie da!

Helena, 27 kg leichter

ZUCCHINI-RÜBLI-KUCHEN

pro Stück
6 ProPoints Wert

90 Minuten

Zubereitung

1. Backofen auf 175° C (Gas: Stufe 2, Umluft: 155° C) vorheizen. Karotten schälen, Zucchini waschen, beides raspeln und ausdrücken. Eier trennen. Eiweiß mit Wasser steif schlagen, Zucker einrieseln lassen und Eigelb unterrühren. Nüsse mit Paniermehl und Backpulver mischen, unterheben. Karotten- und Zucchiniraspel unterziehen.

2. Teig in eine mit Backpapier ausgelegte Springform (Ø 26 cm) füllen und im Backofen auf mittlerer Schiene ca. 50–60 Minuten backen. Zucchini-Rübli-Kuchen auskühlen lassen.

3. Für den Guss Zitrone auspressen. Puderzucker mit 4 Esslöffeln Zitronensaft verrühren und den Kuchen damit bestreichen. Nach Wunsch mit Karotten- und Zucchiniraspeln bestreut servieren.

12 Stücke

300 g Karotten
200 g Zucchini
5 Eier
6 EL Wasser
150 g Zucker
150 g gemahlene Haselnüsse
100 g Paniermehl
1 TL Backpulver
1 Zitrone
75 g Puderzucker

Versuchen Sie doch auch gebackenen Apfel! Dafür die Bananen durch 6 Äpfel, in Spalten geschnitten, ersetzen. Teig damit belegen, über die Apfelspalten schlagen und fest andrücken. Der ***ProPoints***® Wert ändert sich nicht.

GEBACKENE
BANANE

pro Stück
5 ProPoints Wert

40 Minuten

Zubereitung

1. Backofen auf 180° C (Gas: Stufe 2, Umluft: 160° C) vorheizen. Hefeteig nach Packungsanweisung vorbereiten, ausrollen und in 8 rechteckige Stücke (ca. 10 x 20 cm) teilen. Zitrone auspressen. Bananen schälen und mit Zitronensaft bestreichen.

2. Teigstücke mit jeweils 1 Banane belegen. Teig über die Banane schlagen und fest andrücken. Auf ein mit Backpapier ausgelegtes Backblech setzen und mit Milch bestreichen. Im Backofen auf mittlerer Schiene ca. 20 Minuten backen und auskühlen lassen. Schokolade im warmen Wasserbad schmelzen und gebackene Bananen fadenartig garniert servieren.

8 Stück

- **450 g** Hefeteig (Kühltheke)
- **1** Zitrone
- **8 kleine** Bananen
- **4 EL** fettarme Milch
- **60 g** Schokolade

Servieren Sie zum heißen Crumble jeweils 1 Kugel Diät-Eiscreme Vanille. Der ***ProPoints***® Wert erhöht sich auf 7.

RHABARBER-
ZIMT-CRUMBLE

pro Person
6 ProPoints Wert

50 Minuten

Zubereitung

1. Rhabarber waschen und in Stücke schneiden. Rhabarberstücke in einem Topf mit 1 Esslöffel Zucker ca. 10 Minuten dünsten. Backofen auf 180° C (Gas: Stufe 2, Umluft: 160° C) vorheizen. Eine Auflaufform (ca. 24 x 28 cm) mit 1 Teelöffel Margarine fetten und Rhabarber einfüllen.

2. Mehl, restlichen Zucker, restliche Margarine und Zimtpulver zu Streuseln verkneten. Streusel auf dem Rhabarber verteilen. Crumble im Backofen auf mittlerer Schiene ca. 30 Minuten backen. Rhabarber-Zimt-Crumble nach Wunsch mit Zimtpulver bestäuben und heiß oder kalt servieren.

6 Personen

1 kg Rhabarber
100 g Zucker
95 g Halbfettmargarine
150 g Mehl
1 TL Zimtpulver

APRIKOSEN
STREUSELTALER

pro Stück
6 ProPoints Wert

70 Minuten

Zubereitung

1. Für den Boden 175 g Quark mit Milch, Öl, 1 Ei und 70 g Zucker verrühren. 450 g Mehl mit Backpulver mischen, unterheben und zu einem glatten Teig verkneten. Teig in 16 Portionen teilen, zu runden Talern formen und in die Mitte eine Vertiefung drücken, sodass ein Rand stehen bleibt. Backofen auf 180° C (Gas: Stufe 2, Umluft: 160° C) vorheizen.

2. Für den Belag restlichen Quark mit restlichem Ei und Vanillezucker verrühren und auf die Taler streichen. Aprikosen gut abtropfen lassen, würfeln und Quark damit belegen. Für die Streusel Margarine mit restlichem Mehl und restlichem Zucker verkneten und auf die Taler streuen. Streuseltaler auf zwei mit Backpapier ausgelegte Backbleche setzen und im Backofen auf mittlerer Schiene ca. 35 Minuten backen. Auskühlen lassen und servieren.

16 Stück

400 g Magerquark
100 ml fettarme Milch
4 EL Pflanzenöl
2 Eier
120 g Zucker
560 g Mehl
1 Päckchen Backpulver
2 Päckchen Vanillezucker
1 Dose Aprikosen (240 g Abtropfgewicht)
50 g Halbfettmargarine

NUSSECKEN

MIT APRIKOSENFÜLLUNG

pro Stück 4 ProPoints Wert

60 Minuten

Zubereitung

1. Für den Teig Eier und 190 g Margarine verrühren. 90 g Zucker mit 1 Päckchen Vanillezucker unterrühren. Mehl mit Backpulver mischen und alles zu einem glatten Teig verkneten. Auf einem mit Backpapier ausgelegten Backblech ausrollen und mit Aprikosenkonfitüre bestreichen. Backofen auf 200° C (Gas: Stufe 3, Umluft: 180° C) vorheizen.

2. Für den Belag restliche Margarine mit restlichem Zucker und Vanillezucker in 100 ml Wasser aufkochen lassen. Haselnüsse unterrühren. Nussmasse auf den Teig streichen und im Backofen auf mittlerer Schiene ca. 30 Minuten backen.

3. Nussecken abkühlen lassen. Erst in 15 Rechtecke und dann in Dreiecke schneiden. Kuvertüre im warmen Wasserbad schmelzen und die Nussecken damit garnieren.

30 Stück

2 Eier
260 g Halbfettmargarine
165 g Zucker
2 Päckchen Vanillezucker
440 g Mehl
2 TL Backpulver
90 g kalorienreduzierte Aprikosenkonfitüre
100 ml Wasser
100 g gehackte Haselnüsse
25 g Kuvertüre

AMERIKANER

MIT ZITRONENGUSS

pro Stück 6 ProPoints Wert

50 Minuten

Zubereitung

1. Backofen auf 200° C (Gas: Stufe 3, Umluft: 180° C) vorheizen. Zitronenschale abreiben und Zitrone auspressen. Eier und Zucker sehr schaumig schlagen. Margarine schmelzen, mit Joghurt zur Ei-Zucker-Masse geben und verrühren. Mehl mit Backpulver mischen und mit Zitronenschale unterrühren.

2. Mit einem Esslöffel je 6 Teighäufchen auf 2 mit Backpapier ausgelegte Backbleche setzen. Nacheinander im Backofen auf mittlerer Schiene ca. 15 Minuten backen. Amerikaner abkühlen lassen.

3. Für den Guss Puderzucker mit 1 Esslöffel Zitronensaft und Wasser verrühren, die flachen Seiten der Amerikaner dünn damit einpinseln, trocknen lassen und servieren.

12 Stück

1 unbehandelte Zitrone
3 Eier
90 g Zucker
70 g Halbfettmargarine
300 g Magermilchjoghurt
360 g Mehl
2 TL Backpulver
135 g Puderzucker
1 EL Wasser

APFEL-MANDEL-TASCHEN

pro Stück 6 ProPoints Wert

65 Minuten

Zubereitung

1. Hefe zerbröckeln, mit einer Prise Zucker in Milch auflösen. 480 g Mehl in eine Schüssel sieben und in die Mitte eine Vertiefung drücken. Hefemilch hineingießen. Mit etwas Mehl verrühren und an einem warmen Ort zugedeckt ca. 15 Minuten gehen lassen.

2. Vorteig mit restlichem Zucker und Margarine zu einem geschmeidigen Teig verkneten und zugedeckt weitere ca. 45 Minuten gehen lassen. Zitrone auspressen. Für die Füllung Äpfel vierteln, entkernen, schälen und in sehr kleine Würfel schneiden. Mit 2 Esslöffeln Zitronensaft, Amaretto und Mandelblättchen mischen. Mit Vanillezucker verfeinern. Backofen auf 180° C (Gas: Stufe 2, Umluft: 160° C) vorheizen.

3. Hefeteig gut durchkneten. Arbeitsplatte mit restlichem Mehl bestäuben, Hefeteig darauf dünn ausrollen und 14 Teigkreise (Ø ca. 16 cm) ausstechen. Apfel-Mischung darauf verteilen, dabei die Ränder frei lassen und zu Halbmonden zusammenklappen. Die Ränder mit einer Gabel fest zusammendrücken.

4. Apfeltaschen auf ein mit Backpapier ausgelegtes Backblech setzen und im Backofen auf mittlerer Schiene ca. 15–20 Minuten backen. Für den Guss Puderzucker mit Zimtpulver und Wasser verrühren und die noch heißen Apfeltaschen damit einpinseln. Apfeltaschen abkühlen lassen und servieren.

Gehzeit: 60 Minuten

14 Stück

1 Würfel Hefe
120 g Zucker
250 ml lauwarme fettarme Milch
500 g Mehl
50 g Halbfettmargarine
1 Zitrone
3 mittelgroße Äpfel (z. B. Elstar)
40 ml Amaretto
50 g Mandelblättchen
3 Päckchen Vanillezucker
4 EL Puderzucker
1/2 TL Zimtpulver
1 EL Wasser

Minirollen: Teig und Füllung wie beschrieben zubereiten. Teig in 27 Stücke teilen, ausrollen und jeweils etwas Füllung in die Mitte geben. Teig einrollen, mit Eigelb bestreichen und im vorgeheizten Backofen bei 200° C (Gas: Stufe 3, Umluft: 180° C) auf mittlerer Schiene ca. 15–20 Minuten backen. Minirollen abkühlen lassen, mit Puderzucker bestäuben und servieren. Der ***ProPoints***® Wert pro Stück beträgt 3.

FEINE APFEL-NUSS-ROLLE

pro Stück 6 ProPoints® Wert

85 Minuten

Zubereitung

1. Für den Quark-Öl-Teig Eier trennen und 1 Eigelb mit Öl, Wasser, 60 g Mehl, Quark und Zucker glatt rühren. Restliches Mehl mit Backpulver mischen und unterkneten.

2. Zitronenhälfte auspressen. Für die Füllung Apfel vierteln, entkernen, schälen und grob reiben. Mit 1 Teelöffel Zitronensaft beträufeln. Eiweiß steif schlagen und mit Nüssen, Zimtpulver und Apfelraspeln vermengen. Backofen auf 180° C (Gas: Stufe 2, Umluft: 160° C) vorheizen.

3. Teig auf Backpapier zu einem Rechteck (ca. 28 x 32 cm) ausrollen. Apfelmasse darauf verteilen, von der Längsseite her aufrollen und auf ein mit Backpapier ausgelegtes Backblech legen.

4. Restliches Eigelb glatt rühren, Apfel-Nuss-Rolle damit bestreichen und im Backofen auf mittlerer Schiene ca. 45–50 Minuten backen. Apfel-Nuss-Rolle auskühlen lassen, mit Puderzucker bestäuben und servieren.

12 Stücke

2 Eier
6 EL Pflanzenöl
2 EL Wasser
350 g Mehl
250 g Magerquark
75 g Zucker
1 Päckchen Backpulver
1/2 Zitrone
1 mürber Apfel (z. B. Boskop)
3 EL gehackte Haselnüsse
1/2 TL Zimtpulver
1 TL Puderzucker

Die Bratapfeltorte wird besonders knusprig, wenn sie im Backofen auskühlt.

KNUSPRIGE

BRATAPFELTORTE

pro Stück 6 ProPoints Wert

1 Stunde 40 Minuten

Zubereitung

1. Mehl, Backpulver und Zucker mischen, mit Margarine und Ei verkneten. In Folie gewickelt ca. 30 Minuten kalt stellen. Teig zwischen zwei Stücke Backpapier legen und ausrollen. Springform (Ø 26 cm) mit Öl einfetten und mit Teig auskleiden. Marzipan in Springformgröße ausrollen und auf den Teigboden legen.

2. Zitronenhälfte auspressen. Äpfel vierteln, entkernen, schälen und würfeln. Mit Zitronensaft beträufeln und mit Rosinen mischen. Backofen auf 180° C (Gas: Stufe 2, Umluft: 160° C) vorheizen. Milch aufkochen. Puddingpulver mit Apfelsaft anrühren, unter Rühren zur Milch geben und ca. 1 Minute köcheln lassen. Mit Vanillezucker verfeinern.

3. Äpfel abtropfen lassen, auf dem Teig verteilen und mit Spekulatiusgewürz bestäuben. Puddingmasse darübergeben und mit Mandelblättchen bestreuen. Im Backofen im unteren Drittel ca. 60 Minuten backen. Bratapfeltorte in der Form auskühlen lassen und servieren.

Kühlzeit: 30 Minuten

12 Stücke

250 g Mehl
1/2 TL Backpulver
70 g Zucker
100 g Halbfettmargarine
1 Ei
1 TL Pflanzenöl
100 g Marzipanrohmasse
1/2 Zitrone
1 kg säuerliche Äpfel (z. B. Cox Orange)
2 EL Rosinen
250 ml fettarme Milch
1 Packung Vanillepuddingpulver
100 ml Apfelsaft
1 Päckchen Vanillezucker
1/2 TL Spekulatiusgewürz
3 EL Mandelblättchen

WARMER APFEL
STRUDEL MIT VANILLESAUCE

pro Stück
5 ProPoints Wert

90 Minuten

Zubereitung

1. Für den Teig 240 g Mehl mit 50 g Margarine, Wasser und Salz zu einem glatten Teig verkneten. Teig ca. 30 Minuten ruhen lassen.

2. Für die Füllung Äpfel waschen, vierteln, entkernen und in kleine Würfel schneiden. Apfelsaft mit Zucker in einem Topf aufkochen lassen und Apfelwürfel ca. 5 Minuten darin andünsten. Mit Süßstoff und Zimtpulver abschmecken. Mandelblättchen untermischen, etwas abkühlen und gut abtropfen lassen.

3. Backofen auf 180° C (Gas: Stufe 2, Umluft: 160° C) vorheizen. Ein Küchentuch mit restlichem Mehl bestäuben, Teig dünn rechteckig darauf ausrollen und mit den Händen hauchdünn ausziehen. Apfelmasse darauf verteilen, die Ränder dabei freilassen.

4. Strudelränder einklappen, Teigplatte mit Hilfe des Tuchs von der Längsseite aufrollen und auf ein mit Backpapier ausgelegtes Backblech setzen. Restliche Margarine schmelzen und Strudel damit einpinseln. Im Backofen auf mittlerer Schiene ca. 40 Minuten backen.

5. Für die Vanillesauce Saucenpulver mit Milch nach Packungsanweisung zubereiten. Apfelstrudel mit Puderzucker bestäuben und lauwarm mit Vanillesauce servieren.

Ruhezeit: 30 Minuten

12 Stücke

250 g Mehl
95 g Halbfettmargarine
100 ml lauwarmes Wasser
1 Prise Salz
5 mittelgroße Äpfel (z. B. Elstar)
100 ml Apfelsaft
1 EL Zucker
einige Tropfen flüssiger Süßstoff
1/2 TL Zimtpulver
80 g Mandelblättchen
2 Päckchen Vanillesaucenpulver
500 ml fettarme Milch
1 TL Puderzucker

Kuchen werden besonders saftig, wenn sie direkt nach dem Backen getränkt werden. Dafür den Kuchen mit einem Holzspieß mehrmals tief einstechen und mit Flüssigkeit beträufeln.

FRÜCHTEBROT

MIT DATTELN

pro Scheibe

4 ProPoints Wert

80 Minuten

Zubereitung

1. Zitronenschale abreiben. Mehl, Backpulver, Eier, Zucker, Zimtpulver, Quark und 1 Teelöffel Zitronenschale zu einem glatten Teig verkneten. Äpfel vierteln, entkernen, schälen und grob raspeln. Apfelraspel unter den Teig kneten. Aprikosen, Pflaumen und Datteln in kleine Würfel schneiden und untermischen.

2. Teig in eine mit Backpapier ausgelegte Kastenform (Länge 30 cm) füllen und ca. 15 Minuten zugedeckt ruhen lassen. Backofen auf 180° C (Gas: Stufe 2, Umluft: 160° C) vorheizen. Früchtebrot im Backofen auf mittlerer Schiene ca. 40 Minuten backen.

3. Früchtebrot sofort aus der Form stürzen. Noch warm mehrmals mit einem Holzspieß einstechen und mit Tee beträufeln. Früchtebrot abkühlen lassen und servieren.

Ruhezeit: 15 Minuten

16 Scheiben

1 unbehandelte Zitrone
320 g Mehl
1 Päckchen Backpulver
2 Eier
3 EL brauner Zucker (ersatzweise weißer Zucker)
1 TL Zimtpulver
150 g Magerquark
2 säuerliche Äpfel (z. B. Elstar)
80 g getrocknete Aprikosen
80 g getrocknete Pflaumen
120 g getrocknete Datteln
50 ml schwarzer Tee

In der Weihnachtszeit können Sie die Mousse au chocolat mit 1/4 TL Lebkuchengewürz verfeinern. Wer es besonders schokoladig mag, kann dem Biskuitteig noch 2 Esslöffel Kakaopulver hinzufügen. Der ***ProPoints***® Wert ändert sich dabei nicht.

FEINER SCHOKO STERN

pro Stück 4 ProPoints Wert

60 Minuten

Zubereitung

1. Backofen auf 180° C (Gas: Stufe 2, Umluft: 160° C) vorheizen. Eier trennen und Eigelb mit Wasser und Zucker ca. 8 Minuten schaumig schlagen. Eiweiß steif schlagen. Mehl mit Speisestärke, Zimt- und Backpulver mischen und mit Eischnee vorsichtig unterheben.

2. Boden einer Sternbackform (Ø 28 cm) mit Margarine fetten und den Teig einfüllen. Im Backofen auf mittlerer Schiene ca. 20 Minuten backen und auskühlen lassen. Biskuit aus der Form stürzen und abkühlen lassen.

3. Schokolade grob hacken und im warmen Wasserbad schmelzen. Biskuitboden damit bestreichen und fest werden lassen. Chocolate Mousse nach Packungsanweisung zubereiten und auf den Biskuitboden streichen. Torte ca. 1 Stunde kalt gestellt fest werden lassen. Mit Raspelschokolade bestreut servieren.

Kühlzeit: 1 Stunde

12 Stücke

3 Eier
3 EL warmes Wasser
110 g Zucker
70 g Mehl
30 g Speisestärke
1 TL Zimtpulver
1 TL Backpulver
1 TL Halbfettmargarine
60 g Zartbitterschokolade
3 Beutel Weight Watchers Chocolate Mousse (zubereitet mit 330 ml fettarmer Milch)
1 EL Raspelschokolade

Plätzchen und Kekse

Auf den folgenden Seiten finden Sie Plätzchen und Kekse für jede Gelegenheit: Terrassenplätzchen zum Nachmittagskaffee, Cantuccini als süßes Mitbringsel oder köstliche Quark-Stollenhappen für die festlichste Zeit des Jahres.

VANILLEKIPFERL

MIT MANDELN

pro Stück 1 ProPoints Wert

60 Minuten

Zubereitung

1. Vanilleschote längs aufschneiden und das Mark herauskratzen. Mehl, Vanillemark, Backpulver, Zucker, 1 Päckchen Vanillezucker und Mandeln vermischen. Mit Margarine und Eigelb zu einem Teig verkneten und in Folie gewickelt ca. 1 Stunde kalt stellen. Backofen auf 180° C (Gas: Stufe 2, Umluft: 160° C) vorheizen.

2. Aus dem Teig etwa 1 cm dicke Rollen formen, in 65 ca. 4 cm lange Stücke schneiden und daraus Kipferl formen. Auf drei mit Backpapier ausgelegte Backbleche legen. Im Backofen auf mittlerer Schiene ca. 15 – 20 Minuten backen.

3. Puderzucker mit restlichem Vanillezucker mischen und Kipferl noch warm darin wenden. Vanillekipferl abkühlen lassen. In einer luftdicht verschlossenen Dose sind sie ca. 2 Wochen haltbar.

Kühlzeit: 60 Minuten

65 Stück

1 Vanilleschote
250 g Mehl
1 Msp. Backpulver
100 g Zucker
2 Päckchen Vanillezucker
100 g gemahlene Mandeln
125 g Halbfettmargarine
3 Eigelb
50 g Puderzucker

TERRASSEN
PLÄTZCHEN

pro Stück 3 ProPoints Wert

45 Minuten

Zubereitung

1. Für den Teig Mehl, Backpulver, Zucker, Vanillezucker, Margarine und Ei zu einem glatten Teig verarbeiten und in Folie gewickelt ca. 30 Minuten kalt stellen.

2. Backofen auf 180° C (Gas: Stufe 2, Umluft: 160° C) vorheizen. Teig zwischen Frischhaltefolie ca. 0,5 cm dick ausrollen. 20 große und 20 kleine Sterne aus dem Teig ausstechen, auf ein mit Backpapier ausgelegtes Backblech setzen und im Backofen auf mittlerer Schiene ca. 15–20 Minuten goldgelb backen und auskühlen lassen.

3. Erdbeermarmelade erhitzen und damit jeweils 1 großen und 1 kleinen Stern übereinander zusammenkleben. Plätzchen mit Puderzucker bestäuben und servieren.

Kühlzeit: 30 Minuten

20 Stück

300 g Mehl
1 Msp. Backpulver
120 g Zucker
3 EL Vanillezucker
100 g Halbfettmargarine
1 Ei
80 g Erdbeermarmelade, kalorienreduziert
2 EL Puderzucker

RUMKUGELN
MIT KAKAOMANTEL

pro Stück 1 ProPoints Wert

50 Minuten

Zubereitung

1. Biskuitboden zerbröseln. Spekulatius in einen Gefrierbeutel geben und mit einem Fleischklopfer oder Nudelholz zerbröseln. Biskuit- und Spekulatiusbrösel mit Rum vermischen.

2. Vollmilchschokolade grob hacken und im Wasserbad schmelzen. Zu der Biskuitmasse geben und gut vermischen. Aus der Masse 45 kleine Kugeln formen und in Kakaopulver wenden. Rumkugeln ca. 1 Stunde kalt gestellt fest werden lassen.
In einer luftdicht verschlossenen Dose sind die Rumkugeln ca. 2 Wochen haltbar.

Kühlzeit: 60 Minuten

45 Stück

1 Biskuitboden (250 g, Fertigprodukt)
5 Spekulatius (50 g)
60 ml Rum
150 g Vollmilchschokolade
2 EL Kakaopulver

Tauschen Sie die Spekulatius gegen 50 g Kokosraspel aus – so werden aus den Rumkugeln köstliche Kokoskugeln. Der *ProPoints®* Wert ändert sich nicht.

MANDEL-
MARZIPAN-BÄLLCHEN

pro Stück
2 ProPoints Wert

55 Minuten

Zubereitung

1. Mandeln mit heißem Wasser übergießen, sodass sie vollständig mit Wasser bedeckt sind, ca. 10 Minuten ziehen lassen, Schale entfernen und halbieren.

2. Backofen auf 180° C (Gas: Stufe 2, Umluft: 160° C) vorheizen. Ei trennen, Eiweiß mit gemahlenen Mandeln, Mehl, Puderzucker und Marzipanrohmasse verkneten. Teig in 20 Stücke teilen, mit nassen Händen zu kleinen Kugeln formen und mit je drei Mandelhälften verzieren.

3. Mandel-Marzipan-Bällchen mit Eigelb einpinseln, auf ein mit Backpapier ausgelegtes Backblech setzen und im Backofen auf mittlerer Schiene ca. 10–15 Minuten goldbraun backen.

20 Stück

30 ganze Mandeln
1 Ei
40 g gemahlene Mandeln
4 EL Mehl
60 g Puderzucker
180 g Marzipanrohmasse

Die Abnahme mit **Weight Watchers** hat Bewegung in das Leben von Sonja (36) gebracht. Heute genießt sie das Essen ganz bewusst – und hält ihre Figur mit Sport in Form.

„Das schaffe ich schon allein", war Sonja lange Zeit überzeugt. Die Justizbeschäftigte aus Essen hatte nach der Geburt ihrer Tochter zunehmend mit Übergewicht zu kämpfen. Doch als Arbeitskolleginnen ihr begeistert von **Weight Watchers** erzählten, nahm sie das nicht besonders ernst. „Ich gebe zu, dass ich das Konzept ein wenig belächelt habe. Die brauche ich doch gar nicht, sagte ich mir." Doch der gute Wille allein reichte nicht – irgendwann war die Schmerzgrenze erreicht. „Ich habe mir ein Gewichtslimit für meinen Alleingang gesetzt – 76 Kilo. Als ich diese Zahl auf der Waage sah, sagte ich mir: Jetzt reicht's. Ich hole mir Hilfe bei **Weight Watchers**. Gesagt, getan, im Internet gesucht und fündig geworden."

Bei den Treffen bekam die 36-Jährige endlich alltagstaugliche Tipps für die Umstellung ihrer Ernährung: „Durch die ***ProPoints***® Werte habe ich schnell erkannt, wo die Kalorienfallen liegen und welche Lebensmittel ich zu mir nehmen kann, ohne zuzunehmen. Die gängigen ***ProPoints***® Werte habe ich mittlerweile im Kopf. Super hilfreich war dabei der **Weight Watchers** @ssistent. Ich habe Tagebuch geführt und mir die Menüs nach eigenem Geschmack zusammengestellt." In einem halben Jahr hat Sonja so rund 14 Kilo abgenommen – und dabei eine wichtige Erfahrung gemacht: Die richtige Ernährung ist lediglich die halbe Miete. Wenn es darum geht, die körperliche Fitness zu verbessern und dauerhaft schlank zu bleiben, ist auch ausreichende Bewegung ein Muss: „Ohne Sport geht es nicht", sagt Sonja heute. „Ich trainiere regelmäßig im Studio und bin jetzt auf der Suche nach einer Sportart, die mir richtig Spaß macht und zu der ich mich nicht jedes Mal aufraffen muss. Denn ich möchte mein Gewicht unbedingt halten und meinen Körper noch besser in Form bringen."

Die Energie von Sonja muss wohl irgendwie ansteckend sein. Denn inzwischen ist der Funke auch auf ihren Ehemann übergesprungen: „Mein Mann hat mitgegessen, was ich gekocht habe, ohne groß darüber nachzudenken. Inzwischen hat er schon rund sechs Kilo abgenommen – gefehlt hat ihm dabei nichts. Im Gegenteil: Er bittet mich immer mal wieder, eines der leckeren Rezepte aus den **Weight Watchers** Koch- und Backbüchern auszuprobieren."

Gesunde Ernährung ist die halbe Miete

Sonja, 14 kg leichter

QUARK-STOLLEN

HAPPEN

pro Stück 2 ProPoints Wert

80 Minuten

Zubereitung

1. Zitronat fein hacken. 60 g Margarine mit Zucker und Vanillezucker cremig rühren. Ei mit Quark zugeben. Mehl mit Backpulver mischen, mit Rumaroma und Butter-Vanillearoma unterrühren. Mandeln mit Rosinen und Zitronat unterkneten. Backofen auf 180° C (Gas: Stufe 2, Umluft: 160° C) vorheizen.

2. Teig portionsweise zwischen zwei Stücke Backpapier legen, ausrollen und 45 kleine Kreise (Ø ca. 4 cm) ausstechen. Aus dem Marzipan 45 kleine Rollen von ca. 4 cm Länge formen und auf die Teigkreise legen. Je eine Seite der Kreise leicht über die Marzipanrollen klappen und festdrücken.

3. Stollenhappen auf ein mit Backpapier ausgelegtes Backblech legen und im Backofen auf mittlerer Schiene ca. 15 Minuten backen. Noch warm mit restlicher Margarine bestreichen. Stollenhappen auskühlen lassen und mit Puderzucker bestäuben. In einer luftdicht verschlossenen Dose sind die Stollenhappen ca. 2 Wochen haltbar.

45 Stück

50 g Zitronat
100 g Halbfettmargarine
90 g Zucker
1 Päckchen Vanillezucker
1 Ei
125 g Magerquark
300 g Mehl
1/2 Päckchen Backpulver
einige Tropfen Rumaroma
einige Tropfen Butter-Vanillearoma
50 g gehackte Mandeln
100 g Rosinen
75 g Marzipanrohmasse
4 EL Puderzucker

ZIMT-MANDEL-
STERNE

pro Stück
1 ProPoints Wert

70 Minuten

Zubereitung

1. Eiweiß steif schlagen, dabei nach und nach Puderzucker zugeben. Ein Viertel der Baisermasse abnehmen und beiseite stellen. Mandeln, Mehl und Zimtpulver mit restlicher Baisermasse vermengen. Backofen auf 160° C (Gas: Stufe 1, Umluft: 140° C) vorheizen.

2. Teig portionsweise zwischen zwei Stücke Frischhaltefolie legen und ca. 5 mm dick ausrollen. 70 Sterne ausstechen und auf zwei mit Backpapier ausgelegte Backbleche legen. Mit einem Pinsel restliche Baisermasse aufstreichen. Im Backofen auf mittlerer Schiene ca. 15–17 Minuten backen.

3. Zimtsterne auskühlen lassen. In einer luftdicht verschlossenen Dose sind die Zimtsterne ca. 3 Wochen haltbar.

70 Stück

3 Eiweiß
300 g Puderzucker
350 g gemahlene Mandeln
80 g Mehl
3 TL Zimtpulver

Keine Sorge, wenn die Bethmännchen nach dem Backen noch weich sind: sie werden beim Abkühlen fester.

PISTAZIEN-BETHMÄNNCHEN

pro Stück 1 ProPoints Wert

60 Minuten

Zubereitung

1. 100 g Pistazien mit einer Küchenmaschine mahlen und den Rest grob hacken. Marzipan fein raspeln. Eier trennen und das Eigelb beiseite stellen. Eiweiß steif schlagen und Puderzucker nach und nach unterrieseln lassen. Gemahlene Pistazien, Mandeln, Mehl und Marzipanraspel unterheben und zu einem geschmeidigen Teig verkneten. Backofen auf 150° C (Gas: Stufe 1, Umluft: 130° C) vorheizen.

2. Teig mit feuchten Händen zu 60 kleinen Kugeln formen und auf zwei mit Backpapier ausgelegte Backbleche setzen. Eigelb mit Milch verquirlen, die Kugeln damit bestreichen und mit gehackten Pistazien verzieren. Im Backofen auf mittlerer Schiene ca. 15 Minuten goldbraun backen und abkühlen lassen. In einer luftdicht verschlossenen Dose sind die Pistazien-Bethmännchen ca. 3 Wochen haltbar.

60 Stück

120 g Pistazien
50 g Marzipanrohmasse
2 Eier
200 g Puderzucker
100 g gemahlene Mandeln (ohne Haut)
70 g Mehl
1 EL fettarme Milch

TEEPLÄTZCHEN

MIT HAGELZUCKER

pro Stück 2 ProPoints Wert

40 Minuten

Zubereitung

1. Mehl mit Backpulver mischen. Margarine, Zucker und grünen Tee unterkneten. Teig zu einer Rolle formen, in Folie wickeln und ca. 1 Stunde kalt stellen.

2. Backofen auf 180° C (Gas: Stufe 2, Umluft: 160° C) vorheizen. Teigrolle in 40 Scheiben schneiden, Plätzchen auf ein mit Backpapier ausgelegtes Backblech setzen, mit Hagelzucker bestreuen und im Backofen auf mittlerer Schiene ca. 15–20 Minuten backen.

Kühlzeit: 1 Stunde

40 Stück

350 g Mehl
1 TL Backpulver
150 g Halbfettmargarine
150 g Zucker
75 ml grüner Tee
50 g Hagelzucker

ZITRONENENGEL

MIT FEINEM GUSS

pro Stück 1 ProPoints Wert

60 Minuten

Zubereitung

1. Zitronenschale abreiben und Saft auspressen. Mehl mit Backpulver mischen. Mit Margarine, Zucker, Haferflocken, Zitronenschale und Muskatnuss zu einem glatten Teig verkneten. Teig in Folie gewickelt ca. 1 Stunde kalt stellen.

2. Backofen auf 180° C (Gas: Stufe 2, Umluft: 160° C) vorheizen. Teig portionsweise zwischen zwei Stücke Frischhaltefolie legen und ca. 3 mm dick ausrollen. 50 Engel ausstechen und auf drei mit Backpapier ausgelegte Backbleche legen.

3. Plätzchen im Backofen auf mittlerer Schiene ca. 15 Minuten backen und auskühlen lassen. Puderzucker und 5 Teelöffel Zitronensaft zu einem glatten Guss verrühren. Engel mit Zuckerguss bestreichen und fest werden lassen. In einer luftdicht verschlossenen Dose sind die Plätzchen ca. 3–4 Wochen haltbar.

Kühlzeit: 60 Minuten

50 Stück

1 unbehandelte Zitrone
200 g Mehl
1 TL Backpulver
150 g Halbfettmargarine
150 g Zucker
100 g feine Haferflocken
1 Prise geriebene Muskatnuss
75 g Puderzucker

In einer gut schließenden Dose trocken aufbewahrt sind die Makronen einige Wochen haltbar.

SCHOKO-KOKOS-MAKRONEN

pro Stück 1 ProPoints Wert

50 Minuten

30 Stück

- **2** Eiweiß
- **125 g** Zucker
- **50 g** Kokosraspel
- **50 g** Schokoladenstreusel
- **25 g** Zartbitterschokolade

Zubereitung

1. Backofen auf 150° C (Gas: Stufe 1, Umluft: 130° C) vorheizen. Eiweiß steif schlagen. 75 g Zucker langsam einrieseln lassen und so lange weiter schlagen, bis er sich gelöst hat.

2. 1 Esslöffel Kokosraspel zur Seite stellen. Restlichen Zucker mit restlichen Kokosraspeln und Schokoladenstreuseln vermischen und vorsichtig unter den Eischnee ziehen. Mit zwei Teelöffeln 30 Häufchen auf ein mit Backpapier ausgelegtes Backblech setzen. Makronen auf mittlerer Schiene ca. 25–30 Minuten backen und auskühlen lassen.

3. Restliche Kokosraspel in einer Pfanne fettfrei rösten. Schokolade schmelzen und Makronen mit Schokofäden und Kokosraspeln garnieren.

Für einen besonders aromatischen Anisgeschmack lassen Sie den Teig über Nacht ruhen.

ANISSTANGEN

MIT SCHOKOLADE

pro Stück 1 ProPoints Wert

50 Minuten

Zubereitung

1. Orangenschale abreiben. Margarine, Puderzucker, Vanillezucker und Ei verrühren. Mehl mit Backpulver mischen und mit Anis, 1/2 Teelöffel Orangenschale, Mandeln und Milch unterrühren. Backofen auf 180° C (Gas: Stufe 2, Umluft: 160° C) vorheizen.

2. Teig in einen Spritzbeutel mit Sterntülle füllen und 45 ca. 6 cm lange Stangen auf zwei mit Backpapier ausgelegte Backbleche spritzen. Anisstangen im Backofen auf mittlerer Schiene ca. 10–12 Minuten backen. Plätzchen auskühlen lassen.

3. Kuvertüre grob hacken und in einem Topf im Wasserbad schmelzen. Anisstangen an beiden Enden kurz eintauchen und auf einem Kuchengitter trocknen lassen. In einer luftdicht verschlossenen Dose sind die Anisstangen ca. 3–4 Wochen haltbar.

45 Stück

1 unbehandelte Orange
100 g Halbfettmargarine
100 g Puderzucker
1 Päckchen Vanillezucker
1 Ei
250 g Mehl
1 TL Backpulver
1–2 TL gemahlener Anis
40 g gemahlene Mandeln
3 EL fettarme Milch
50 g dunkle Kuvertüre

FEIGEN-NUSS-
MAKRONEN

pro Stück
1 ProPoints Wert

50 Minuten

Zubereitung

1. Backofen auf 160° C (Gas: Stufe 1, Umluft: 140° C) vorheizen. Feigen in kleine Würfel schneiden und mit Haselnüssen mischen. Eiweiß mit Zitronensaft steif schlagen, dabei nach und nach Zucker einrieseln lassen. Feigen-Nuss-Mischung vorsichtig unterheben.

2. Oblaten auf zwei mit Backpapier ausgelegte Backbleche verteilen. Mit zwei Teelöffeln Makronenmasse auf die Oblaten setzen oder mit einem Spritzbeutel mit großer Sterntülle auf die Oblaten spritzen. Im Backofen auf mittlerer Schiene ca. 25–30 Minuten backen. In einer luftdicht verschlossenen Dose sind die Feigen-Nuss-Makronen ca. 3–4 Wochen haltbar.

40 Stück

50 g getrocknete Feigen
100 g gemahlene Haselnüsse
4 Eiweiß
1 TL Zitronensaft
175 g Zucker
40 Backoblaten (Ø 4 cm)

KLASSISCHE PFEFFERNÜSSE

pro Stück 1 ProPoints Wert

50 Minuten

Zubereitung

1. Margarine mit Zuckerrübensirup, Zucker, Zimtpulver, Pfeffer, Nelken und Kardamom aufkochen. Topf vom Herd ziehen. Mehl und Natron mischen und zügig unter die Sirupmasse rühren. Teig abkühlen lassen und in Folie gewickelt über Nacht kalt stellen.

2. Backofen auf 180° C (Gas: Stufe 2, Umluft: 160° C) vorheizen. 50 haselnussgroße Stücke vom Teig abstechen und zu Kugeln formen. Auf zwei mit Backpapier ausgelegte Backbleche setzen, im Backofen auf mittlerer Schiene ca. 10–12 Minuten backen und auskühlen lassen.

3. Puderzucker mit Wasser verrühren, die Pfeffernüsse damit überziehen und Guss fest werden lassen. In einer luftdicht verschlossenen Dose sind die Pfeffernüsse ca. 3–4 Wochen haltbar.

Kühlzeit: über Nacht

50 Stück

90 g Halbfettmargarine
100 g Zuckerrübensirup
80 g Zucker
1/4 TL Zimtpulver
1 Msp. weißer Pfeffer
1 Msp. gemahlene Nelken
1/4 TL Kardamom
250 g Mehl
1 Msp. Natron
100 g Puderzucker
2 EL Wasser

DUNKLE OBLATENLEBKUCHEN

pro Stück 2 ProPoints Wert

65 Minuten

Zubereitung

1. Sirup und Margarine schmelzen, in eine Rührschüssel geben und handwarm abkühlen lassen. Zitronat und Orangeat fein hacken, mit Lebkuchengewürz und Eiern unter die Sirupmasse mischen. Mehl mit Backpulver und Kakaopulver mischen und im Wechsel mit der Milch unterrühren. Backofen auf 180° C (Gas: Stufe 2, Umluft: 160° C) vorheizen.

2. Oblaten auf drei mit Backpapier ausgelegte Backbleche verteilen. Teig mit zwei Teelöffeln in die Mitte der Oblaten geben. Im Backofen auf mittlerer Schiene ca. 15 Minuten backen und auskühlen lassen. In einer luftdicht verschlossenen Dose sind die Lebkuchen ca. 4 Wochen haltbar.

30 Stück

160 g Zuckerrübensirup
80 g Halbfettmargarine
30 g Zitronat
30 g Orangeat
1 TL Lebkuchengewürz
2 Eier
250 g Mehl
3 TL Backpulver
1 EL Kakaopulver
80 ml fettarme Milch
30 Backoblaten (Ø 7 cm)

WEISSE
SCHOKOLADENKISSEN

pro Stück 1 ProPoints Wert

60 Minuten

Zubereitung

1. Mehl mit Backpulver mischen und mit Margarine, Zucker und Ei zu einem glatten Teig verkneten. Teig in Folie gewickelt ca. 1 Stunde kalt stellen. Für die Füllung weiße Kuvertüre mit Cremefine erwärmen, bis sich die Kuvertüre aufgelöst hat. Creme leicht abkühlen lassen.

2. Backofen auf 180° C (Gas: Stufe 2, Umluft: 160° C) vorheizen. Teig portionsweise zwischen zwei Stücke Backpapier legen und ca. 2 mm dick ausrollen. Mit einer Ausstechform (Länge ca. 5 cm) 120 Dreiecke ausstechen und auf zwei mit Backpapier ausgelegte Backbleche legen. Die Hälfte der Dreiecke mit Kuvertürecreme bestreichen, mit restlichen Dreiecken bedecken und die Ränder etwas festdrücken.

3. Dreiecke im Backofen auf mittlerer Schiene ca. 15 Minuten backen. Plätzchen mit Puderzucker bestäuben und auskühlen lassen. In einer luftdicht verschlossenen Dose sind die weißen Schokoladenkissen ca. 3 Wochen haltbar.

Kühlzeit: 60 Minuten

60 Stück

320 g Mehl
1 TL Backpulver
150 g Halbfettmargarine
75 g Zucker
1 Ei
70 g weiße Kuvertüre
3 EL Cremefine zum Schlagen
1 TL Puderzucker

CANTUCCINI

MIT MANDELN

pro Stück 1 ProPoints Wert

60 Minuten

Zubereitung

1. 130 g Mehl mit Backpulver, Spekulatiusgewürz, Zucker und Vanillezucker mischen. Mit Margarine, Ei und Amaretto zu einem glatten Teig verkneten. Mandeln unterkneten und Teig in Folie gewickelt ca. 30 Minuten kalt stellen. Backofen auf 200° C (Gas: Stufe 3, Umluft: 180° C) vorheizen.

2. Teig auf restlichem Mehl zu 5 ca. 3 cm dicken Rollen formen. Rollen mit ausreichend Abstand auf ein mit Backpapier ausgelegtes Backblech legen. Im Backofen auf mittlerer Schiene ca. 15–20 Minuten backen und auskühlen lassen.

3. Rollen in je 8 ca. 1 cm dicke Scheiben schneiden und mit der Schnittfläche auf das mit Backpapier ausgelegte Backblech legen. Bei gleicher Temperatur weitere ca. 10 Minuten knusprig backen. In einer luftdicht verschlossenen Dose sind die Cantuccini ca. 4 Wochen haltbar.

Kühlzeit: 30 Minuten

40 Stück

160 g Mehl
1/2 TL Backpulver
1–2 TL Spekulatiusgewürz
70 g Zucker
1 Päckchen Vanillezucker
1 EL Halbfettmargarine
1 Ei
1 EL Amaretto
150 g ganze Mandeln (ohne Haut)

Herzhaftes

Das letzte Kapitel ist genau das richtige für die Fans der herzhaften Küche. Verwöhnen Sie sich und Ihre Gäste mit leckerer Pizza, deftigem Flammkuchen, knuspriger Quiche und mehr. Sie werden begeistert sein!

MINIPIZZA
MIT SCHINKEN

pro Stück
3 ProPoints Wert

85 Minuten

Zubereitung

1. Hefe zerbröckeln, mit Zucker in Wasser auflösen und mit 1 Prise Salz, 250 g Mehl und Öl zu einem glatten Teig verkneten. Teig zugedeckt an einem warmen Ort ca. 45 Minuten gehen lassen.

2. Schinken in Streifen schneiden. Knoblauch pressen. Zwiebeln schälen und in Würfel schneiden. Champignons trocken abreiben und in Scheiben schneiden. Öl in einer Pfanne erhitzen, Zwiebelwürfel und Champignonscheiben darin ca. 5 Minuten andünsten.

3. Backofen auf 180° C (Gas: Stufe 2, Umluft: 160° C) vorheizen. Teig in 15 gleich große Stücke teilen. Arbeitsfläche mit restlichem Mehl bestäuben, Teigstücke darauf zu kleinen Fladen ausrollen und auf ein mit Backpapier ausgelegtes Backblech legen.

4. Knoblauch mit stückigen Tomaten verrühren. Mit Salz, Pfeffer und Oregano würzen und die Teigfladen damit bestreichen. Restliche vorbereitete Zutaten auf Teigfladen verteilen und mit geriebenem Käse bestreuen. Im Backofen auf mittlerer Schiene ca. 25–30 Minuten backen. Mit Oregano bestreut servieren.

Gehzeit: 45 Minuten

15 Stück

1/2 Würfel frische Hefe
1 TL Zucker
150 ml lauwarmes Wasser
Salz
260 g Mehl
1 EL Olivenöl
200 g gekochter Schinken
2 Knoblauchzehen
2 Zwiebeln
400 g Champignons
1 TL Pflanzenöl
250 g stückige Tomaten
Pfeffer
getrockneter Oregano
180 g geriebener Käse, 30 % Fett i. Tr.

PARTYTASCHEN
MIT LAUCHFÜLLUNG

pro Stück 3 ProPoints Wert

45 Minuten

Zubereitung

1. Lauch waschen und in Ringe schneiden. Öl in einer Pfanne erhitzen, Tatar darin krümelig anbraten und mit Salz, Paprika- und Currypulver würzen. Tomatenmark zufügen und kurz anschwitzen. Lauchringe zugeben, ca. 5 Minuten unter Rühren braten, abschmecken und zur Seite stellen.

2. Backofen auf 180° C (Gas: Stufe 2, Umluft: 160° C) vorheizen. Hefeteig dünn ausrollen und in 16 Stücke (9 x 9 cm) teilen. Tatar-Lauchmasse auf den Teigstücken verteilen, dabei die Ränder freilassen. Teigstücke von einer Seite her zusammenklappen und Ränder gut andrücken.

3. Partytaschen auf ein mit Backpapier belegtes Backblech setzen, mit Kondensmilch bestreichen. Im Backofen auf mittlerer Schiene ca. 15 Minuten backen.

16 Stück

1 Stange Lauch
1 TL Pflanzenöl
200 g Tatar
Salz
Paprikapulver
Currypulver
2 EL Tomatenmark
450 g Hefeteig (Kühltheke)
4 TL Kondensmilch, 10 % Fett

HERZHAFTE
KÜRBISFOCACCIA

pro Stück 4 ProPoints Wert

50 Minuten

Zubereitung

1. Hefe zerbröckeln, mit Zucker in 50 ml Milch auflösen. Mehl in eine Schüssel geben, in die Mitte eine Vertiefung drücken und Hefemilch hineingießen. Mit etwas Mehl verrühren und an einem warmen Ort zugedeckt ca. 15 Minuten gehen lassen. Mit Margarine, Ei und restlicher Milch zu einem dickflüssigen Teig verkneten. Mit Salz, Pfeffer und Muskatnuss würzen. Weitere ca. 45 Minuten gehen lassen.

2. Backofen auf 200° C (Gas: Stufe 3, Umluft: 180° C) vorheizen. Kürbis grob raspeln. Teig durchkneten und Kürbis mit Thymian unterkneten. Auf ein mit Backpapier begelegtes Backblech streichen und weitere ca. 10 Minuten gehen lassen. Im Ofen ca. 25–30 Minuten backen.

3. Radieschen waschen und in kleine Stifte schneiden. Lauchzwiebeln waschen und in Ringe schneiden. Radieschenstifte mit Petersilie, Lauchzwiebelringen, Frischkäse und Crème légère verrühren, abschmecken. Kürbisfocaccia in 20 Stücke schneiden und mit Radieschencreme servieren.

Gehzeit: 70 Minuten

20 Stücke

1 Würfel Hefe
1 Prise Zucker
250 ml lauwarme fettarme Milch
500 g Mehl
150 g Halbfettmargarine
1 Ei
Salz, Pfeffer
geriebene Muskatnuss
300 g Kürbisfruchtfleisch (z. B. Hokkaido)
1 TL gehackter Thymian
(frisch oder getrocknet)
1 Bund Radieschen
1/2 Bund Lauchzwiebeln
2 EL gehackte glatte Petersilie
300 g Frischkäse, bis 1 % Fett absolut
200 g Crème légère

LACHS-KÄSE-
HÖRNCHEN

pro Stück

4 ProPoints Wert

40 Minuten

Zubereitung

1. Schnittlauch waschen, trocken schütteln und in Ringe schneiden. Mehl und Backpulver mischen. Margarine, Salz, Milch und 1 Esslöffel Schnittlauch zugeben und zu einem glatten Teig verkneten. Teig in Folie gewickelt ca. 15 Minuten im Kühlschrank ruhen lassen.

2. Backofen auf 175° C (Gas: Stufe 2, Umluft: 165° C) vorheizen. Lachs klein schneiden und mit Frischkäse und Limettensaft pürieren. Teig ausrollen, 12 Dreiecke ausschneiden, Füllung darauf geben und zu Hörnchen aufrollen.

3. Hörnchen auf ein mit Backpapier ausgelegtes Backblech setzen. Eiweiß mit Wasser verquirlen und Hörnchen damit bestreichen. Im Backofen auf mittlerer Schiene ca. 20 Minuten knusprig backen. Mit restlichen Schnittlauchringen garniert servieren.

Kühlzeit: 15 Minuten

12 Stück

1/2 Bund Schnittlauch
280 g Mehl
2 TL Backpulver
75 g Halbfettmargarine
1/2 TL Salz
125 ml fettarme Milch
200 g geräucherter Lachs
200 g Frischkäse, bis 16 % Fett absolut
3 EL Limettensaft
1 Eiweiß
3 EL Wasser

PIZZAMUFFINS
MIT SCHAFSKÄSE

pro Stück 5 ProPoints Wert

50 Minuten

Zubereitung

1. Paprika waschen, entkernen und mit Salami und Schafskäse fein würfeln. Mehl mit Backpulver mischen. Eier mit Milch, Öl, Oregano und Salz verquirlen. Mehlmischung kurz unterrühren. Paprika- und Salamiwürfel mit Käse und Mais unterheben.

2. Backofen auf 180° C (Gas: Stufe 2, Umluft: 160° C) vorheizen. Mulden eines Muffinblechs (12er Form) mit Papiermanschetten auskleiden. Teig einfüllen und im Backofen auf mittlerer Schiene ca. 25 Minuten backen. Pizzamuffins heiß oder kalt servieren.

12 Stück

1/2 kleine grüne Paprika
100 g Salami
100 g Schafskäse light
320 g Mehl
1 Päckchen Backpulver
2 Eier
250 ml fettarme Milch
4 EL Pflanzenöl
2 TL getrockneter Oregano
1 TL Salz
2 EL Mais (Konserve)

HERZHAFTE
TUNFISCHMUFFINS MIT DIP

pro Stück 5 ProPoints Wert

55 Minuten

Zubereitung

1. Backofen auf 180° C (Gas: Stufe 2, Umluft: 160° C) vorheizen. Zucchini waschen, raspeln, salzen und gut ausdrücken. Frischkäse mit Eiern, Milch, 1 Teelöffel Salz und Wasser verrühren. Mehl mit Backpulver mischen und unterrühren. 2 Esslöffel geraspelte Zucchini und Tunfisch mit Saft unterheben.

2. Eine 12er-Muffinform mit Öl einfetten und mit Paniermehl ausstreuen. Teig hineingeben und im Backofen auf mittlerer Schiene ca. 20–25 Minuten backen.

3. Restliche Zucchiniraspel mit saurer Sahne, Salatcreme und Currypulver verrühren. Mit Salz und Pfeffer abschmecken und mit Sambal Oelek verfeinern. Zucchinidip zu den Muffins servieren.

12 Stück

2 Zucchini
Salz
200 g Frischkäse, bis 1 % Fett absolut
2 Eier
125 ml fettarme Milch
2 EL Wasser
300 g Mehl
2 TL Backpulver
150 g Tunfisch im eigenen Saft (Konserve)
2 TL Pflanzenöl
2 EL Paniermehl
180 g saure Sahne
120 g Salatcreme, bis 10 % Fett
1 TL Currypulver
Pfeffer
Sambal Oelek

KOHLRABIKUCHEN
MIT SCHINKEN

pro Stück 5 ProPoints Wert

100 Minuten

Zubereitung

1. Quark mit 2 Eiern, Öl, 1 Teelöffel Salz, Mehl und Backpulver verkneten und ca. 30 Minuten kalt stellen. Kohlrabi schälen, in Würfel schneiden, ca. 10 Minuten in Salzwasser vorgaren und abgießen.

2. Backofen auf 180° C (Gas: Stufe 2, Umluft: 160° C) vorheizen. Schnittlauch waschen, trocken schütteln und in Ringe schneiden. Schinken in Würfel schneiden. Frischkäse mit restlichen Eiern und Brühe vermengen, mit Muskatnuss und Cayennepfeffer abschmecken.

3. Teig ausrollen und in eine mit Backpapier ausgelegte Springform (Ø 26 cm) legen, dabei einen ca. 3 cm hohen Rand formen. Kohlrabi-, Schinkenwürfel und 3 Esslöffel Schnittlauchringe auf den Teig geben und mit der Frischkäsecreme überziehen. Im Backofen auf unterer Schiene ca. 50–60 Minuten backen, nach ca. 30 Minuten abdecken. In 12 Stücke schneiden und mit restlichen Schnittlauchringen garniert servieren.

Kühlzeit: 30 Minuten

12 Stücke

225 g Magerquark
4 Eier
2 EL Pflanzenöl
Salz
300 g Mehl
3 TL Backpulver
3 Kohlrabi
1 Bund Schnittlauch
150 g gekochter Schinken
200 g Frischkäse, bis 5 % Fett absolut
50 ml Gemüsebrühe
(2 Prisen Instantpulver)
1 Prise geriebene Muskatnuss
Cayennepfeffer

Statt mit frischer Hefe können Sie die Nachos-pizza auch mit 1 Päckchen Trockenhefe backen. Trockenhefe ist besonders praktisch, da sie lange haltbar ist und gut auf Vorrat gekauft werden kann.

NACHOSPIZZA
MIT JALAPEÑOS

pro Stück
5 ProPoints Wert

75 Minuten

Zubereitung

1. Hefe zerbröckeln, mit Zucker in 50 ml Wasser auflösen. Mehl in eine Schüssel geben, in die Mitte eine Vertiefung drücken und aufgelöste Hefe hineingießen. Mit etwas Mehl verrühren und Vorteig an einem warmen Ort zugedeckt ca. 20 Minuten gehen lassen. 2 Teelöffel Öl, 1/2 Teelöffel Salz und restliches Wasser zum Vorteig geben. Zu einem glatten Teig verkneten und weitere ca. 30 Minuten gehen lassen.

2. Hefeteig auf einem mit Backpapier ausgelegten Backblech ausrollen. Weitere ca. 20 Minuten gehen lassen. Backofen auf 200° C (Gas: Stufe 3, Umluft: 180° C) vorheizen. Zucchini waschen, längs halbieren und in Scheiben schneiden. Mais und Jalapeños abtropfen lassen, Jalapeños in Ringe schneiden.

3. Restliches Öl in einer Pfanne erhitzen und Tatar darin ca. 5 Minuten krümelig braten. Zucchinischeiben und Mais zufügen, mit Salz, Paprikapulver und Oregano kräftig würzen. Jalapeñoringe und Tomaten unterrühren. Tatar-Gemüse-Masse auf den Hefeteig geben. Nachos grob zerdrücken und mit Käse auf der Pizza verteilen. Im Backofen auf mittlerer Schiene ca. 35–40 Minuten backen. In 12 Stücke schneiden und servieren.

Gehzeit: 70 Minuten

12 Stücke

1 Würfel frische Hefe
1 Prise Zucker
170 ml Wasser
320 g Mehl
4 TL Pflanzenöl
Salz
400 g Zucchini
1 Dose Mais (140 g Abtropfgewicht)
2–3 eingelegte Jalapeños
(grüne Chilischoten, ohne Öl)
240 g Tatar
Paprikapulver
2 TL gehackter Oregano
(frisch oder getrocknet)
400 g stückige Tomaten
100 g Tortillachips, z. B. mit Chili
130 g geriebener Käse, 30 % Fett i. Tr.

GRUNDREZEPT
PIZZATEIG

pro Blech
3 ProPoints Wert

45 Minuten

Zubereitung

1. Hefe zerbröckeln und mit Zucker in Wasser auflösen. Mit 300 g Mehl, Salz und Öl verkneten. Teig an einem warmen Ort zugedeckt ca. 30 Minuten gehen lassen. Backofen auf 180° C (Gas: Stufe 2, Umluft: 160° C) vorheizen. Arbeitsfläche mit restlichem Mehl bestäuben und Teig darauf auf die gewünschte Größe ausrollen. Auf ein mit Backpapier ausgelegtes Backblech legen und im Backofen auf mittlerer Schiene ca. 5 Minuten vorbacken. Nun können Sie den Teig ganz nach Wunsch belegen.

Ruhezeit: 30 Minuten

Für 1 Blech

1 Würfel frische Hefe
1 Prise Zucker
170 ml lauwarmes Wasser
320 g Mehl
1/2 TL Salz
2 TL Olivenöl

FLAMMKUCHEN
„MODERN ART"

pro Stück 9 ProPoints Wert

60 Minuten

Zubereitung

1. Mehl, Ei, Margarine, Wasser und Essig zu einem glatten Teig verkneten, zu einer Kugel formen und in Folie gewickelt ca. 30 Minuten kalt stellen.

2. Backofen auf 200° C (Gas: Stufe 3, Umluft: 180° C) vorheizen. Spitzkohl putzen, vierteln, den Strunk entfernen und mit Schinken in feine Streifen schneiden. Zwiebeln schälen und in Ringe schneiden. Öl in einer Pfanne erhitzen, Zwiebelringe, Spitzkohl- und Schinkenstreifen darin ca. 10 Minuten anbraten. Mit Salz, Cayennepfeffer und Majoran würzen.

3. Teig zu einem dünnen Fladen ausrollen und auf ein mit Backpapier ausgelegtes Backblech legen. Crème légère und Eigelb verrühren, mit Salz und Cayennepfeffer würzen und auf den Teigfladen streichen. Spitzkohl-Schinken-Mischung darauf verteilen und im Backofen auf mittlerer Schiene ca. 15–20 Minuten backen. Flammkuchen mit Schnittlauchringen bestreuen, vierteln und servieren.

Kühlzeit: 30 Minuten

4 Stücke

200 g Mehl
1 Ei
20 g Halbfettmargarine
40 ml Wasser
2 EL Essig
1 Spitzkohl (ca. 500 g)
120 g roher Schinken
3 Zwiebeln
3 TL Pflanzenöl
Salz
Cayennepfeffer
getrockneter Majoran
100 g Crème légère
1 Eigelb
2 EL Schnittlauchringe (frisch oder TK)

NORDISCHER
KRABBENKUCHEN

pro Stück

4 ProPoints Wert

70 Minuten

Zubereitung

1. Backofen auf 200° C (Gas: Stufe 3, Umluft: 180° C) vorheizen. Schnittlauch waschen, trocken schütteln und in Ringe schneiden. Kartoffeln reiben, mit 100 ml Milch, Mehl, 3 Eiern und Schnittlauchringen verrühren. Mit Salz und Pfeffer abschmecken und Kartoffelmasse auf einem mit Backpapier ausgelegten Backblech verteilen. Im Backofen auf mittlerer Schiene ca. 20 Minuten vorbacken.

2. Zwiebel schälen und fein würfeln. Tomaten waschen und mit Gurken in Würfel schneiden. Quark mit restlicher Milch, restlichen Eiern, Gurkensud und 1 Esslöffel Dill verrühren. Zwiebel- und Gurkenwürfel unterziehen und mit Kräutersalz und Pfeffer abschmecken.

3. Quarkmasse auf die vorgebackene Kartoffelmasse streichen, mit Tomatenwürfeln und Krabben belegen, salzen, pfeffern und mit Käse und restlichem Dill bestreuen. Krabbenkuchen im Backofen auf mittlerer Schiene bei 180 Grad (Gas: Stufe 2, Umluft: 160° C) ca. 20 Minuten fertig backen. In 12 Stücke schneiden und servieren.

12 Stücke

1/2 Bund Schnittlauch
1 kg gekochte Kartoffeln
250 ml fettarme Milch
2 EL Mehl
5 Eier
Salz
Pfeffer
1 Zwiebel
800 g Tomaten
3 Gewürzgurken
300 g Magerquark
3 EL Gurkensud
2 EL gehackter Dill (frisch oder TK)
Kräutersalz
300 g Krabben
80 g geriebener Käse, bis 30 % Fett i. Tr.

Dazu schmeckt ein gemischter Blattsalat.

Sie können die Quiche auch mit weißem Spargel und 6 Scheiben gekochtem Schinken anstatt des Lachses zubereiten. Der ***ProPoints***® Wert pro Stück ändert sich nicht.

SPARGEL-LACHS-QUICHE

pro Stück 6 ProPoints Wert

80 Minuten

Zubereitung

1. 210 g Mehl, Margarine, Wasser und 1/2 Teelöffel Salz zu einem glatten Teig verkneten und in Folie gewickelt ca. 30 Minuten kalt stellen. Backofen auf 180° C (Gas: Stufe 2, Umluft: 160° C) vorheizen. Teig auf einer mit restlichem Mehl bestäubten Arbeitsfläche ausrollen, eine Springform (Ø 26 cm) damit auslegen und dabei einen ca. 3 cm hohen Rand formen. Teig mit einer Gabel mehrmals einstechen und im vorgeheizten Backofen auf mittlerer Schiene ca. 20 Minuten vorbacken.

2. Eier, Milch, Cremefine und Parmesan verrühren und mit Salz und Pfeffer kräftig würzen. Lachs in Streifen schneiden. Lachsstreifen mit Spargelstücken auf dem vorgebackenen Teig verteilen und mit der Eiermasse begießen. Quiche im Backofen bei gleicher Temperatur ca. 30 Minuten backen.

3. Aus Gemüsebrühe, Zitronensaft und Senf ein Dressing anrühren. Petersilie zugeben und mit Salz, Pfeffer und Zucker abschmecken. Salat waschen, trocken schleudern und in mundgerechte Stücke zupfen. Radieschen und Gurke waschen. Radieschen in kleine Spalten und Gurke in Würfel schneiden. Alles mit dem Dressing vermischen und zur Quiche servieren.

Kühlzeit: 30 Minuten

8 Stücke

220 g Mehl
100 g Halbfettmargarine
4 EL kaltes Wasser
Salz
2 Eier
150 ml fettarme Milch
4 EL Cremefine zum Verfeinern
30 g geriebener Parmesan
Pfeffer
180 g geräucherter Lachs
500 g gegarte grüne Spargelstücke
100 ml Gemüsebrühe
(1/2 TL Instantpulver)
1 EL Zitronensaft
1 TL mittelscharfer Senf
1 EL gehackte Petersilie (frisch oder TK)
1 Prise Zucker
1 Kopfsalat
1 Bund Radieschen
1 Salatgurke

HÄHNCHEN-
SPAGHETTI-TARTE

pro Stück 6 ProPoints Wert

90 Minuten

Zubereitung

1. Backofen auf 180° C (Gas: Stufe 2, Umluft: 160° C) vorheizen. Mehl mit Margarine, Wasser und 1/2 Teelöffel Salz zu einem glatten Teig verkneten. Teig in eine mit Backpapier ausgelegte Springform (Ø 26 cm) drücken und die Form damit auskleiden. Im Backofen auf mittlerer Schiene ca. 10–15 Minuten vorbacken.

2. Spaghetti nach Packungsanweisung in Salzwasser garen. Hähnchenbrustfilet abspülen, trocken tupfen und würfeln. Öl in einer Pfanne erhitzen, Hähnchenwürfel darin ca. 5 Minuten rundherum braten, salzen und pfeffern.

3. Cocktailtomaten waschen und halbieren. Mit Spaghetti und Hähnchenwürfeln mischen und auf den Boden geben. Milch mit Eiern verquirlen. Mit Salz, Pfeffer und Basilikum würzen und über die Spaghetti-Hähnchen-Füllung gießen. Im Backofen im unteren Drittel ca. 55 Minuten garen. In 12 Stücke schneiden und servieren.

12 Stücke

240 g Mehl
120 g Halbfettmargarine
70 ml kaltes Wasser
Salz
200 g trockene Spaghetti
240 g Hähnchenbrustfilet
1 TL Pflanzenöl
Pfeffer
250 g Cocktailtomaten
250 ml fettarme Milch
3 Eier
2 EL gehacktes Basilikum (frisch oder TK)

Sie können die Steinpilze auch gegen Champignons oder Pfifferlinge austauschen.

HERBSTPIZZA
MIT SPECK UND STEINPILZEN

pro Stück 7 ProPoints Wert

65 Minuten

Zubereitung

1. Für den Teig Hefe zerbröckeln und in Milch auflösen. Mit 380 g Mehl, Zucker, 1 Prise Salz, Wasser und 4 Esslöffeln Olivenöl zu einem geschmeidigen Teig verkneten und abgedeckt an einem warmen Ort ca. 30 Minuten gehen lassen.

2. Für den Belag Zwiebeln schälen und würfeln. Steinpilze trocken abreiben und in Scheiben schneiden. Schinkenspeckwürfel in einer Pfanne auslassen, Zwiebelwürfel zugeben und mit Rotwein ablöschen. Pilze zugeben und so lange darin dünsten, bis alle Flüssigkeit verdampft ist. Petersilie hacken, unterheben und mit Salz und Pfeffer kräftig würzen.

3. Backofen auf 180° C (Gas: Stufe 2, Umluft: 160° C) vorheizen. Teig auf einer mit restlichem Mehl bestäubten Arbeitsfläche ausrollen, auf ein mit Backpapier ausgelegtes Backblech legen und nochmals ca. 10 Minuten gehen lassen. Hefeteig mit Speck-Pilz-Mischung belegen, mit restlichem Öl beträufeln. Mit Käse bestreuen und im Backofen auf mittlerer Schiene ca. 25–30 Minuten backen.

Ruhezeit: 40 Minuten

12 Stücke

1 Würfel frische Hefe
125 ml lauwarme fettarme Milch
400 g Mehl
2 EL Zucker
Salz
100 ml Wasser
5 EL Olivenöl
3 Zwiebeln
500 g Steinpilze
(ersatzweise braune Champignons)
250 g Schinkenspeckwürfel
100 ml trockener Rotwein
1/2 Bund Petersilie (ersatzweise TK)
Pfeffer
200 g geriebener Käse, 30 % Fett i. Tr.

ROSENKOHL

KUCHEN

pro Stück
4 ProPoints Wert

80 Minuten

Zubereitung

1. Mehl, Margarine, 1 Teelöffel Salz, Essig und Wasser zu einem glatten Teig verkneten, zu einer Kugel formen und in Folie gewickelt ca. 30 Minuten kalt stellen.

2. Rosenkohl putzen und den Strunk kreuzförmig einschneiden. Gemüsebrühe aufkochen, Rosenkohl darin ca. 5 Minuten blanchieren und gut abtropfen lassen. Schinken in Streifen schneiden und zu dem Rosenkohl geben. Frischkäse mit Eiern, Käse und Kräutern verquirlen, mit Salz, Pfeffer und Muskat kräftig würzen.

3. Backofen auf 200° C (Gas: Stufe 3, Umluft: 180° C) vorheizen. Teig ausrollen und eine mit Backpapier ausgelegte Springform (Ø 26 cm) damit auskleiden. Rosenkohl-Schinken-Mischung darauf verteilen und mit Frischkäse-Masse bedecken. Im Backofen auf mittlerer Schiene ca. 35 Minuten backen.

Kühlzeit: 30 Minuten

12 Stücke

240 g Mehl
100 g Halbfettmargarine
Salz
1 TL Essig
100 ml Wasser
500 g Rosenkohl
200 ml Gemüsebrühe (2 TL Instantpulver)
120 g gekochter Schinken
150 g Frischkäse, bis 16 % Fett absolut
2 Eier
4 EL geriebener Käse, 30 % Fett i. Tr.
2 EL gehackte gemischte Kräuter
(frisch oder TK)
Pfeffer
geriebene Muskatnuss

ZWIEBELKUCHEN

MIT SERRANOSCHINKEN

pro Stück
5 ProPoints Wert

70 Minuten

Zubereitung

1. Hefe zerbröckeln und mit Zucker in 50 ml Wasser auflösen. Mehl in eine Schüssel geben und in die Mitte eine Vertiefung drücken. Aufgelöste Hefe hineingießen und mit etwas Mehl verrühren. Zugedeckt an einem warmen Ort ca. 20 Minuten gehen lassen. Vorteig mit restlichem Wasser, Öl und 1/2–1 Teelöffel Salz verkneten. Weitere ca. 30 Minuten gehen lassen.

2. Backofen auf 180° C (Gas: Stufe 2, Umluft: 160° C) vorheizen. Gemüsezwiebeln schälen und in Ringe schneiden. Eier und Frischkäse verrühren und mit Salz, Pfeffer, Muskatnuss und Paprikapulver kräftig würzen. Öl in einer Pfanne erhitzen, Zwiebelringe ca. 10–13 Minuten andünsten, salzen und pfeffern. Zwiebelringe handwarm abkühlen lassen und unter die Frischkäsemasse heben.

3. Hefeteig auf einem mit Backpapier ausgelegten Backblech ausrollen. Zwiebel-Frischkäse-Masse darauf verteilen. Schinken in Würfel schneiden und Parmesan reiben. Schinken, Parmesan und Majoran auf dem Zwiebelkuchen verteilen. Im Backofen auf mittlerer Schiene ca. 30 Minuten backen und servieren.

Gehzeit: 50 Minuten

12 Stücke

1/2 Würfel frische Hefe
1 Prise Zucker
150 ml Wasser
300 g Mehl
2 EL Olivenöl
Salz
1 kg Gemüsezwiebeln
3 Eier
400 g Frischkäse, bis 1 % Fett absolut
Pfeffer
1 Prise geriebene Muskatnuss
1 TL Paprikapulver
1 TL Pflanzenöl
5 Scheiben Serranoschinken (ersatzweise 150 g magere Schinkenwürfel)
70 g Parmesan
2 TL gehackter Majoran (frisch oder getrocknet)

VEGETARISCHE
PARTYSCHNECKEN

pro Stück 5 ProPoints Wert

75 Minuten

Zubereitung

1. Quark, Eier, 340 g Mehl und Öl zu einem glatten Teig verkneten und mit Salz und Oregano würzen. Teig mit restlichem Mehl auf einer Arbeitsfläche rechteckig in Backblechgröße ausrollen und mit Tomatenmark bestreichen.

2. Backofen auf 180° C (Gas: Stufe 2, Umluft: 160° C) vorheizen. Blattspinat waschen, die dicken Blattstiele entfernen und Spinat in Salzwasser ca. 3–5 Minuten blanchieren. Tomatenpaprikastreifen gut abtropfen lassen und mit Blattspinat und Mais auf dem Teig verteilen. Mit Pizzagewürz und Salz kräftig würzen und Teig von der langen Seite her aufrollen.

3. Teigrolle in 12 Scheiben schneiden, auf ein mit Backpapier ausgelegtes Backblech legen und mit Käse bestreuen. Im Backofen auf mittlerer Schiene ca. 30 Minuten backen. Überbackene Partyschnecken heiß oder kalt servieren.

12 Stücke

225 g Magerquark
2 Eier
350 g Mehl
2 EL Olivenöl (ersatzweise Pflanzenöl)
Salz
1 TL getrockneter Oregano
4 EL Tomatenmark
300 g Blattspinat
200 g Tomatenpaprikastreifen (Konserve, ohne Öl)
150 g Mais (Konserve)
Pizzagewürz
80 g geriebener Käse, 30 % Fett i. Tr.

KLASSISCHE
PIZZA MARGHERITA

pro Stück 6 ProPoints Wert

75 Minuten

Zubereitung

1. Hefe zerbröckeln, in Wasser auflösen. 380 g Mehl in eine Schüssel geben und eine Vertiefung in die Mitte drücken. Aufgelöste Hefe hineingießen und mit etwas Mehl verrühren. An einem warmen Ort ca. 15 Minuten abgedeckt gehen lassen. Olivenöl und 1 Prise Salz zugeben und alles zu einem glatten Teig verkneten. Abgedeckt weitere ca. 30 Minuten an einem warmen Ort gehen lassen.

2. Backofen auf 180° C (Gas: Stufe 2, Umluft: 160° C) vorheizen. Knoblauch pressen, mit Tomaten, Tomatenmark und Kräutern verrühren. Mit Pizzagewürz, Salz und Pfeffer würzen. Arbeitsplatte mit restlichem Mehl bestäuben, Teig darauf ausrollen und auf ein mit Backpapier ausgelegtes Backblech legen. Mit Tomatensauce bestreichen, im Ofen ca. 15 Minuten vorbacken.

3. Tomaten und Mozzarella in Scheiben schneiden und mit geriebenem Käse auf der Pizza verteilen. Mit Pizzagewürz bestreuen und weitere ca. 30 Minuten backen. Basilikumblätter abzupfen, auf der Pizza verteilen und servieren.

Gehzeit: 45 Minuten

12 Stücke

1 Würfel frische Hefe
230 ml lauwarmes Wasser
400 g Mehl
1 EL Olivenöl
Salz
2 Knoblauchzehen
300 g passierte Tomaten (Konserve)
2 EL Tomatenmark
2 TL getrocknete italienische Kräuter
Pizzagewürz, Pfeffer
4 Tomaten
3 Kugeln Mozzarella light
240 g geriebener Käse, 30 % Fett i. Tr.
1 Bund Basilikum

Sie können die Zucchini, Tomaten und Zwiebeln auch gegen andere Gemüsesorten austauschen. Paprika, Pilze und Spinat sind z. B. auch sehr lecker. Besonders pikant wird der Gemüsekuchen mit gepresstem Knoblauch. Der ***ProPoints***® Wert ändert sich dabei nicht.

SAFTIGER GEMÜSEKUCHEN

pro Stück

5 ProPoints Wert

85 Minuten

Zubereitung

1. Für den Teig 400 g Mehl mit Backpulver mischen. Margarine, 2 Eier und 1 Prise Salz dazugeben. Alles zu einem glatten Teig verkneten, zu einer Kugel formen und in Folie gewickelt ca. 30 Minuten im Kühlschrank ruhen lassen. Tomaten und Zucchini waschen und in Scheiben schneiden. Zwiebeln schälen und in Ringe schneiden.

2. Backofen auf 180° C (Gas: Stufe 2, Umluft: 160° C) vorheizen. Teig auf einer mit restlichem Mehl bestäubten Arbeitsfläche ausrollen und auf ein mit Backpapier ausgelegtes Backblech legen. Mit einer Gabel mehrmals einstechen, mit Tomatenmark bestreichen und im Backofen auf mittlerer Schiene ca. 15 Minuten vorbacken. Zwiebelringe, Tomaten- und Zucchinischeiben auf dem vorgebackenen Teig verteilen und mit Salz und Pfeffer würzen.

3. Restliche Eier, Cremefine, Milch und Frischkäse verquirlen, mit Salz, Pfeffer und Muskatnuss kräftig würzen und über das Gemüse gießen. Mit geriebenem Käse bestreuen und weitere ca. 40 Minuten backen. In 20 Stücke teilen und heiß servieren.

Kühlzeit: 30 Minuten

20 Stücke

410 g Mehl
1 TL Backpulver
200 g Halbfettmargarine
6 Eier
Salz
400 g Tomaten
600 g Zucchini
2 rote Zwiebeln
4 EL Tomatenmark
Pfeffer
200 g Cremefine zum Verfeinern
125 ml fettarme Milch
150 g Frischkäse mit Kräutern, bis 1 % Fett absolut
geriebene Muskatnuss
120 g geriebener Käse, 30 % Fett i. Tr.

Register

nach Alphabet

Register

nach Zutaten und Stichworten

Q

T

Z

Register

nach *ProPoints*® Wert

5 ProPoints Wert

6 ProPoints Wert

7 ProPoints Wert

8 ProPoints Wert

9 ProPoints Wert

Sie sind einzigartig.

Entdecken Sie ein Ernährungsprogramm, das ganz auf Individualität setzt.

Sabrina hat 27 kg abgenommen.

Der ***ProPoints®*** Plan von **Weight Watchers** ist das Erfolgsrezept, mit dem Sie mit normalen Lebensmitteln abnehmen und Ihr Wunschgewicht auf Dauer halten können. Weil aber jeder Mensch anders ist, funktioniert auch das Abnehmen bei jedem anders. Das wissen wir wie kein anderer und bieten Ihnen deshalb eine **Vielzahl an Wegen** an, um Ihr angestrebtes Ziel zu erreichen. Welchen Weg Sie wählen, bleibt ganz Ihnen überlassen. Schließlich kennen Sie sich am besten.

Die Weight Watchers Angebote im Überblick:

1. Coaching-Kurse

In den wöchentlichen **Weight Watchers Treffen** vermittelt Ihnen Ihr Coach, wie Sie Ihr Wunschgewicht erfolgreich erreichen, und steht Ihnen jederzeit für Fragen zur Verfügung. Alle Teilnehmerinnen und Teilnehmer haben das gleiche Ziel wie Sie: dauerhaft abzunehmen. Ihr Coach ist **IHK-zertifizierte Fachfrau für Ernährungs- und Gewichtsmanagement** und hat meist selbst erfolgreich mit Weight Watchers abgenommen – weiß also genau, welche Herausforderungen das Abnehmen mit sich bringt. Und das Beste daran: **Es gibt Treffen überall in Deutschland – eines davon ist garantiert auch in Ihrer Nähe.**

Impressum

Redaktion:
Weight Watchers; Claudia Koch, Claudia Thienel

Realisierung:
The Food Professionals Köhnen AG, Sprockhövel

Projektleitung:
Silke Höpker

Rezeptentwicklung:
Susanne Cremer, Insa Weißpfennig

Fotografie / Foodstyling:
Stefan Schulte-Ladbeck / Christa Schraa
Klaus Arras / Katja Briol (Bilder S. 41, 91)

Gestaltungskonzept:
Petra Penker

Grafik:
Petra Penker, Stefan Windus

Druck:
Paffrath Print & Medien GmbH, Remscheid

1. Auflage

WeightWatchers®
Info-Hotline 0180 2 234 564*
www.weightwatchers.de

***(0,06 €/Anruf aus dem Festnetz, Mobilfunk höchstens 0,42 €/Minute)**

PEFC™
PEFC/04-31-1066

Gedruckt auf PEFC* zertifiziertem Papier
*Die PEFC Zertifizierung bescheinigt die ausschließliche Verwendung von Rohstoffen aus nachhaltig bewirtschafteten Wäldern zum Schutz und Erhalt der Vielfalt von Pflanzen und Tieren für nachfolgende Generationen bei gleichzeitiger umweltschonender Herstellung des Papiers